Historia de Rusia

Un apasionante recorrido por los principales acontecimientos de la historia de Rusia

© Copyright 2023

Todos los derechos reservados. Ninguna parte de este libro puede ser reproducida de ninguna forma sin el permiso escrito del autor. Los revisores pueden citar breves pasajes en las reseñas.

Descargo de responsabilidad: Ninguna parte de esta publicación puede ser reproducida o transmitida de ninguna forma o por ningún medio, mecánico o electrónico, incluyendo fotocopias o grabaciones, o por ningún sistema de almacenamiento y recuperación de información, o transmitida por correo electrónico sin permiso escrito del editor.

Si bien se ha hecho todo lo posible por verificar la información proporcionada en esta publicación, ni el autor ni el editor asumen responsabilidad alguna por los errores, omisiones o interpretaciones contrarias al tema aquí tratado.

Este libro es solo para fines de entretenimiento. Las opiniones expresadas son únicamente las del autor y no deben tomarse como instrucciones u órdenes de expertos. El lector es responsable de sus propias acciones.

La adhesión a todas las leyes y regulaciones aplicables, incluyendo las leyes internacionales, federales, estatales y locales que rigen la concesión de licencias profesionales, las prácticas comerciales, la publicidad y todos los demás aspectos de la realización de negocios en los EE. UU., Canadá, Reino Unido o cualquier otra jurisdicción es responsabilidad exclusiva del comprador o del lector.

Ni el autor ni el editor asumen responsabilidad alguna en nombre del comprador o lector de estos materiales. Cualquier desaire percibido de cualquier individuo u organización es puramente involuntario.

Índice

INTRODUCCIÓN 1

PRIMERA PARTE: LOS PRIMEROS REINOS ESLAVOS Y LA INVASIÓN MONGOLA (800-1480 D. C.) 3

   CAPÍTULO 1: LOS PRIMEROS ESLAVOS ORIENTALES Y LA RUS DE KIEV 4

   CAPÍTULO 2: LA CRISTIANIZACIÓN DE LA RUS DE KIEV Y LA INVASIÓN MONGOLA (980-1340) 16

SEGUNDA PARTE: EL ASCENSO DEL IMPERIO RUSO (1480-1917 D. C.) 27

   CAPÍTULO 3: DEL GRAN DUCADO DE MOSCÚ A PEDRO EL GRANDE 28

   CAPÍTULO 4: CATALINA LA GRANDE Y LA RUSIA DEL SIGLO XVIII .. 39

   CAPÍTULO 5: DE NAPOLEÓN A LA GUERRA DE CRIMEA 50

   CAPÍTULO 6: LAS REFORMAS DEL ZAR ALEJANDRO II Y EL RETROCESO DE LA AUTOCRACIA DEL ZAR ALEJANDRO III 60

TERCERA PARTE: LA PRIMERA GUERRA MUNDIAL Y LA REVOLUCIÓN RUSA (1914-1922) 70

   CAPÍTULO 7: EL ZAR NICOLÁS II Y LA REVOLUCIÓN DE FEBRERO ... 71

   CAPÍTULO 8: LA REVOLUCIÓN DE OCTUBRE Y LA GUERRA CIVIL RUSA 82

CUARTA PARTE: EL VIAJE DE LA RUSIA COMUNISTA A LA REPÚBLICA RUSA (1922-2022) 93

   CAPÍTULO 9: LA UNIÓN DE REPÚBLICAS SOCIALISTAS SOVIÉTICAS (URSS) 94

   CAPÍTULO 10: LA GRAN GUERRA PATRIA Y LA GUERRA FRÍA 104

CAPÍTULO 11: DE LA DESESTALINIZACIÓN A LA REPÚBLICA DE RUSIA 115
CAPÍTULO 12: ARTE, LITERATURA Y CIENCIA RUSAS 127
CONCLUSIÓN 143
VEA MÁS LIBROS ESCRITOS POR ENTHRALLING HISTORY 145
BIBLIOGRAFÍA 146

Introducción

Intentar documentar la historia de Rusia es una tarea formidable. Rusia, el país más grande del mundo, abarca casi el 11% de la superficie terrestre y es el hogar de muchas culturas diferentes. Recorrer toda la historia de Rusia daría para varios libros. La historia rusa contiene muchas figuras controvertidas y famosas, como Catalina la Grande, la familia Románov, Vladimir Lenin y José Stalin. Además de los principales acontecimientos de la historia rusa, también hay cambios en la cultura, la literatura y la ciencia que fascinarán a cualquier amante de la historia. Es difícil elaborar una guía exhaustiva de la historia rusa, pero esta guía introductoria lo situará en el camino correcto.

La historia de Rusia comienza con los primeros reinos eslavos, como el primer gran estado eslavo, la Rus de Kiev. Según la leyenda, el Estado fue fundado por un vikingo llamado Oleg de Nóvgorod, pero los historiadores lo discuten. Durante años, Kiev (la actual Kiev) fue la capital del estado eslavo. El príncipe Vladimir gobernó la dinastía de los Rúrik y convirtió a muchos eslavos del paganismo al cristianismo ortodoxo. Desgraciadamente, Rusia fue invadida más tarde por los mongoles, que destruyeron Moscú y Kiev, esta última convertida en centro cultural y político de Europa del Este. Estos acontecimientos son el tema de la primera parte del libro y sientan una poderosa base para el resto de la historia rusa.

Iván el Grande expulsó a los mongoles de Rusia y estableció el dominio moscovita. Aunque en un principio fue una buena noticia para el pueblo ruso, la línea moscovita dio lugar a Iván el Terrible, que reinó con mano de hierro y aterrorizó a la nobleza. A su muerte, Rusia se sumió en la inestabilidad y solo empezó a recuperarse bajo la dinastía Románov, que gobernaría Rusia durante algo más de trescientos años. La segunda parte de este libro explora el ascenso y la caída de la dinastía Románov. Incluye la historia de personajes tan pintorescos como Catalina la Grande, Napoleón Bonaparte y varios zares influyentes.

Finalmente, la dinastía Románov decayó cuando el mundo empezó a prepararse para la Primera Guerra Mundial. Rusia se vio sacudida por la guerra, que acabó desembocando en la Revolución de Febrero y la Revolución de Octubre. En la tercera parte de este libro se analizarán los acontecimientos culminantes que tendrían efectos duraderos en la historia moderna.

La dinastía Románov fue sustituida por líderes comunistas que pretendían llevar a Rusia a una era ilustrada y moderna. Esto condujo finalmente a la formación de la Unión de Repúblicas Socialistas Soviéticas (URSS). La URSS aportó nuevas políticas económicas y cambios culturales a su pueblo. Durante este periodo, Rusia luchó en diferentes guerras, entre ellas la Gran Guerra Patria y la Guerra Fría. Si bien la URSS defendía elevados ideales, acabó por estancarse. A pesar del estancamiento, Rusia fue capaz de emerger como líder durante la Carrera Espacial y desarrolló un envidiable programa espacial.

Con el tiempo, la URSS se disolvió, y líderes como Boris Yeltsin fueron capaces de abrir una nueva era en la sociedad rusa. La cuarta y última parte del libro abarca desde la Primera Guerra Mundial hasta las controvertidas reformas impulsadas por Vladimir Putin.

Aunque la historia completa de Rusia llenaría cientos de libros, el lector podrá familiarizarse con algunos de los acontecimientos y periodos más importantes de la historia rusa gracias a esta completa guía.

PRIMERA PARTE:
Los primeros reinos eslavos y la invasión mongola (800-1480 d. C.)

Capítulo 1: Los primeros eslavos orientales y la Rus de Kiev

Los primeros eslavos vivieron en Europa Central y Oriental aproximadamente entre los siglos V y X. Desgraciadamente, existen pocos registros históricos de los primeros eslavos, lo que significa que mucha de la información sobre ellos está saturada de teorías y leyendas. Los expertos creen que los eslavos se originaron en Europa Oriental, en Polesia (una región que abarca partes de la Europa Central y Oriental moderna).

Mapa de Polesia
https://commons.wikimedia.org/wiki/File:Polesia_map_-_topography.jpg

El Imperio bizantino fue uno de los primeros en reconocer a los eslavos, y sus registros desempeñan un papel fundamental para desentrañar su misteriosa historia. Con el tiempo, los eslavos conocieron a los vikingos, que formarían la Rus de Kiev, un vasto territorio que acabaría formando gran parte de Rusia.

Enemigos «bárbaros» de Roma

Los eslavos son un grupo étnico de personas que hablan lenguas eslavas. La escritura solo se incorporó a la cultura eslava cuando estos se convirtieron al cristianismo, alrededor de los siglos IX y X. Algunos autores afirman que los eslavos eran nómadas, mientras que otros sugieren que originalmente vivían en estados situados en los bosques. Parece que los eslavos ocupaban una gran cantidad de territorio y compartían elementos culturales comunes, en lugar de estar completamente unidos bajo un gobernante. Existe un gran debate sobre la organización de los primeros eslavos. Algunos relatos afirman que los eslavos estaban gobernados por un rey, mientras que otros sugieren que utilizaban una forma primitiva de democracia.

Según las pruebas arqueológicas, las culturas protoeslavas vivían en partes de la actual Polonia occidental y Bielorrusia hacia el año 1500 a. C. Curiosamente, los expertos han podido detectar rastros de lenguas iraníes y germánicas en las lenguas eslavas. Esto significa que, en algún momento, los eslavos entraron en contacto con tribus iraníes y germánicas.

Los arqueólogos han descubierto algunas pistas sobre la cultura eslava primitiva. Al parecer, los eslavos adoraban a un dios llamado Perún, considerado el dios supremo por algunas culturas eslavas. Perún era similar al dios nórdico Thor, que era un dios del trueno. Otro dios eslavo era Yarilo, dios de la juventud y la primavera. Era un dios de alto rango, al igual que su consorte, Lada, la diosa del amor. Parece que estos dos dioses morían cada año y resucitaban, lo que los relacionaba con la fertilidad.

Colgante del dios Perún
Фотосессия в Чердынском краеведческом музее.Украшение с изображением Перуна.Поступило в 1940 г., CC BY-SA 4.0 <https://creativecommons.org/licenses/by-sa/4.0>, vía Wikimedia Commons; https://commons.wikimedia.org/wiki/File:Perun_pedant.jpg

Los historiadores saben que los eslavos eran enemigos de los romanos durante las últimas etapas del Imperio romano. Los romanos tenían prejuicios contra todos sus enemigos y consideraban salvajes e incivilizados a la mayoría de los que no eran romanos. En el siglo V, los eslavos dificultaron a los romanos el mantenimiento de sus fronteras a lo largo de los Balcanes. A lo largo del siglo, los eslavos participaron en varias campañas contra los romanos. En la década de 550 de la era cristiana, los eslavos devastaron la región del río Hebrón y destruyeron varias ciudades. Tras la destrucción, los eslavos convirtieron a las mujeres y los niños en esclavos, pero mataron a todos los hombres. Según los relatos, los eslavos querían tomar Tesalónica, pero el ejército romano se lo impidió. En 585, los eslavos marcharon hacia Constantinopla, pero los romanos lograron expulsarlos. Sin embargo, durante este tiempo, los eslavos lograron establecerse de forma permanente en Grecia.

En 626, los eslavos unieron sus fuerzas a las de los ávaros y los búlgaros, volviendo a poner su atención en Constantinopla. Los eslavos estuvieron a punto de lograr su objetivo, pero fueron repelidos por los romanos. Desde que los eslavos ocuparon parte de Grecia, se enfrentaron con frecuencia al emergente Imperio bizantino.

El Imperio bizantino y los eslavos

Los eslavos asaltaban con frecuencia la frontera del Imperio bizantino con el Danubio. Los escritores bizantinos se referían a los eslavos como los «venecianos». Los venecianos se dividían en dos grupos distintos: los eslavos y los antes. Es importante señalar que un escritor bizantino, Procopio de Cesarea, escribió que los eslavos y los antes hablaban la misma lengua. Esto significa probablemente que, aunque los dos grupos vivían en zonas diferentes, compartían muchos rasgos comunes.

Los historiadores bizantinos también informaron de que los eslavos eran gobernados por los más fuertes y astutos de entre ellos. La sociedad eslava estaba dominada por los ancianos de las aldeas, considerados sabios y encargados de transmitir sus conocimientos a las generaciones más jóvenes. Los eslavos realizaban incursiones contra el Imperio bizantino, y los bizantinos afirmaban que los eslavos provocaban el caos intencionadamente para apoderarse de las tierras que querían. Una vez que los eslavos se asentaban en un nuevo territorio, integraban a la población existente en su propia cultura. Parece que los eslavos se originaron en Europa Oriental y emigraron lentamente a Europa Central y los Balcanes, donde incorporaron a su cultura a escitas, alanos y sármatas.

Esta integración permitió que el estilo de lucha, las armaduras, las armas y la guerra de los eslavos fueran cada vez más diversos. Cuando cayó el Imperio bizantino, los eslavos se organizaron en reinos y pudieron mantener a raya a las hordas mongolas.

Los jázaros

Los jázaros eran un pueblo túrquico originario de Asia Central. Eventualmente se convirtieron al judaísmo y se extendieron por el norte del Cáucaso. Con el paso del tiempo, controlaron muchas tierras de Europa Oriental. Durante el apogeo de su poder, controlaron gran parte del actual sur de Rusia, así como partes de Kazajstán, Ucrania, Daguestán, Georgia y Azerbaiyán. Mantuvieron una relación pacífica con el Imperio bizantino y los ayudaron contra los sasánidas. Los jázaros probablemente impidieron una invasión árabe de Europa Oriental luchando contra los califatos árabes.

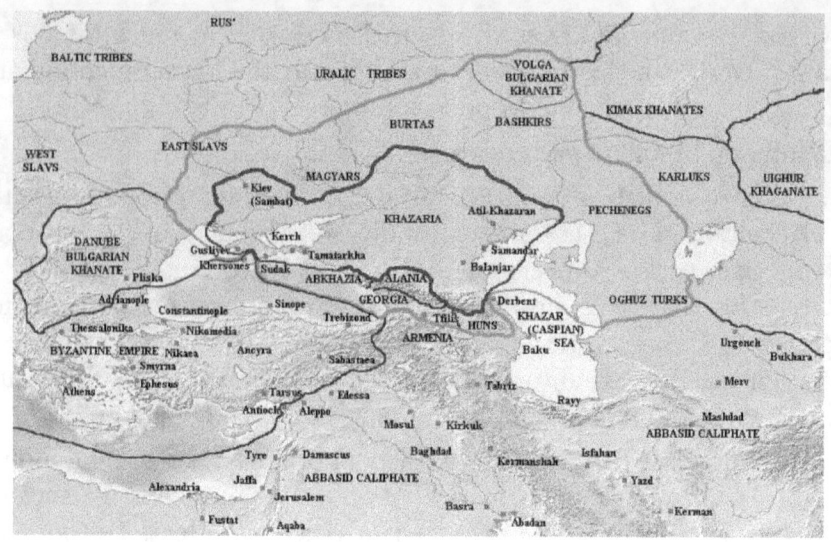

Mapa del Imperio jázaro
Briangotts; Este archivo está bajo licencia Creative Commons Attribution-Share Alike 3.0
Unported; https://commons.wikimedia.org/wiki/File:Khazar_map1.PNG

Parece que los jázaros estaban gobernados por un kan (khagan) y el bek (o un khagan bek). Se cree que el kan era un gobernante espiritual que tenía límites en su poder, mientras que el bek controlaba el ejército y la administración. Según fuentes árabes, el kan vivía normalmente en una isla del río Volga. El kan tenía numerosas esposas, ya que recibía una hija de cada gobernante cliente, pero esto puede ser una exageración.

Los jázaros se encontraban en un lugar privilegiado para el comercio, ya que a través de los estados jázaros llegaban mercancías de Europa Occidental a Asia y Oriente. El mundo musulmán se veía obligado a comerciar con el norte de Europa a través de intermediarios jázaros, y los jázaros imponían un gravamen a todas las mercancías que atravesaban sus fronteras. Los jázaros comerciaban con un gran número de mercancías: miel, lana, mijo, pescado, esclavos y pieles. Los jázaros también permitieron a los radhanitas (un gremio de mercaderes judíos) utilizar una ruta comercial que atravesaba su imperio. Es posible que esto provocara la conversión de los jázaros al judaísmo.

Con el tiempo, su alianza con el Imperio bizantino empezó a desmoronarse en el siglo IX, y los bizantinos comenzaron a aliarse con los rusos y los pechenegos con la esperanza de aislar aún más al Estado jázaro. El poder imperial jázaro fue derrotado en la década de 960.

Los vikingos en Rusia

Parece que los vikingos aparecieron por primera vez en Rusia en el siglo VI. En esa época, los jázaros seguían gobernando, por lo que ambos grupos se enfrentaban con frecuencia. Es posible que los vikingos no buscaran conquistar el territorio, sino comerciar con los pueblos de Europa del Este. Los noruegos y daneses se quedaron sobre todo en Europa occidental, pero los suecos empezaron a mirar más allá y acabaron comerciando en el Báltico y en regiones situadas en la actual Rusia. Los vikingos acabaron convirtiéndose en los gobernantes de los territorios eslavos de Nóvgorod y Kiev. Para los eslavos, estos vikingos eran conocidos como los rus. Los rus (también llamados varegos) se asociaron libremente con los eslavos y crearon una serie de clanes. Los príncipes vikingos se hicieron con el control de Kiev y Nóvgorod a finales del siglo VIII.

Al principio, los jázaros mantenían una buena relación con los rus, y parece que estos estaban influidos por la cultura jázara. Los jázaros incluso permitieron a los rus utilizar una ruta comercial a lo largo del río Volga. Sin embargo, cuando los rus empezaron a atacar tierras árabes, la relación entre árabes y jázaros empezó a agriarse. Como resultado, los jázaros se vieron obligados a poner fin a su alianza con los rus.

Gran parte de la información sobre la Rus y su futuro estado eslavo, la Rus de Kiev, procede de la *Primera crónica eslava*, que probablemente se completó en el año 113 de la era cristiana. Aunque proporciona mucha información histórica, muchos de los relatos parecen haber sido exagerados o influenciados por leyendas. Sin embargo, las pruebas arqueológicas corroboran parte de la información de la *Crónica*. Según la *Primera crónica eslava*, la región de la Rus de Kiev fue dada al hijo de Noé, Jafet. Esto alude al Diluvio Universal descrito en la Biblia. Para quienes no estén familiarizados con la historia, un diluvio universal destruyó a toda la humanidad excepto al fiel Noé, que sobrevivió junto con su esposa, sus tres hijos y las esposas de sus hijos.

Los eslavos que vivían en la tierra de Jafet fueron sometidos por los jázaros y los varegos. Con el tiempo, los eslavos expulsaron a los varegos, pero descubrieron que los jázaros se habían vuelto cada vez más duros. Los eslavos eran incapaces de gobernarse a sí mismos y decidieron pedir ayuda a los varegos. La *Crónica* afirma que los eslavos fueron a las tierras de los varegos (no menciona dónde se encontraban estas tierras) y pidieron a estos que regresaran y gobernaran de nuevo sobre los eslavos.

Tres nobles hermanos respondieron a este llamamiento.

Tres nobles hermanos

La *Primera crónica eslava* afirma que tres hermanos decidieron regresar a la tierra de los eslavos y establecerse como reyes. El mayor, Rúrik, decidió tomar la región que rodeaba Nóvgorod, mientras que el segundo, Sineo, eligió Beloozero. El último hermano, Truvor, eligió Izborsk. Aunque muchos han rechazado las afirmaciones de la *Crónica*, se encontraron algunos artefactos nórdicos en un yacimiento de Nóvgorod, lo que significa que puede haber algo de verdad en los informes de la *Crónica*. Los arqueólogos han encontrado asentamientos escandinavos cerca del río Vóljov desde el año 750 de la era cristiana. No parece que los vikingos quisieran asaltar la zona, ya que había muy poco que robar, por lo que es probable que quisieran aprovechar los recursos de Rusia.

Ese primer asentamiento experimentó una fluctuación de población, lo que da más credibilidad a las afirmaciones de la *Crónica* de que los eslavos expulsaron a los rus solo para pedirles que regresaran más tarde. La *Crónica* continúa la historia de los tres hermanos y afirma que Sineo y Truvor acabaron muriendo, lo que permitió a Rúrik asimilar sus regiones a sus tierras. A dos de sus hombres, Askold y Dir, se les permitió marcharse y encontrar sus propias tierras. En un principio debían dirigirse a Constantinopla, pero encontraron una próspera ciudad llamada Kyiv o Kiev (la diferencia en la ortografía se debe a la traducción al español de dos lenguas diferentes; Kyiv es la traducción al español de la palabra ucraniana, mientras que Kiev procede del ruso). Askold y Dir conquistaron la ciudad y la utilizaron como base para sus incursiones en las ciudades vecinas, lo que les permitió amasar grandes riquezas.

Con el tiempo, Rúrik murió y dejó un hijo pequeño, Igor. Sin embargo, Igor era aún demasiado joven para gobernar, por lo que Rúrik confió su hijo a uno de sus hombres, Oleg, que gobernó las tierras de Rúrik.

Príncipe Oleg de Nóvgorod

Oleg de Nóvgorod comenzó inmediatamente a expandir las tierras que se le habían concedido. Conquistó las regiones circundantes y las incorporó a sus dominios. A medida que su territorio crecía, encontró a Askold y Dir en Kiev. Habían conseguido hacerse con grandes fortunas gracias a sus frecuentes incursiones. Oleg reconoció el valor de Kiev, pero en lugar de formar una alianza, consiguió sacar a Askold y Dir de la ciudad y los mató, lo que le permitió hacerse con el control total. Esto le convirtió en el fundador de la Rus de Kiev. Según la Primera crónica eslava, Oleg se convirtió en el gobernante de Nóvgorod hacia 879. En 882, ya había capturado Kiev y Smolensk. Dado que Kiev estaba situada en un lugar privilegiado junto al río Dniéper, la convirtió en su capital.

En esta época, los jázaros seguían siendo una formidable potencia gobernante y exigían tributos a los estados circundantes. Una vez que Oleg capturó Kiev, empezó a convencer a los estados y tribus de los alrededores para que le pagaran tributo a él. Además de sus victorias militares, Oleg firmó varios tratados lucrativos, entre ellos uno comercial con Constantinopla. La *Crónica* también afirma que Oleg se llamaba Oleg el Sacerdote (o profeta) y detalla una inquietante profecía que recibió Oleg.

Según la profecía, Oleg iba a ser asesinado por un caballo de su propiedad. Oleg ordenó inmediatamente que el caballo fuera enviado lejos, pero hizo arreglos para asegurarse de que siempre estuviera bien cuidado. Con el tiempo, Oleg empezó a confiar en su propio reino y se burló de la profecía. Cuando le dijeron que su caballo había muerto, ordenó que le trajeran los huesos. Se burló en voz alta de la profecía y fue a aplastar el cráneo del caballo bajo sus pies, pero cuando pisó el cráneo, molestó a una serpiente que se había escondido bajo él. La serpiente lo mordió inmediatamente y murió envenenado.

El príncipe Oleg pisando el cráneo de su caballo
https://commons.wikimedia.org/wiki/File:1899._Russian_konung_Oleg_by_Vasnetsov-2.jpg

Durante su reinado, Oleg crió obedientemente al hijo de Rúrik, Igor de Kiev, que se convirtió en el sucesor de Oleg.

El ascenso de la Rus de Kiev

Según fuentes históricas, los vikingos visitaron Constantinopla por primera vez hacia el año 830. Debieron de quedar impresionados por lo que vieron, ya que asediaron la ciudad en 860 y de nuevo en 907. Aunque los vikingos eran lo bastante poderosos como para representar una seria amenaza para Constantinopla, no lograron tomar la ciudad. Con el tiempo, la relación entre los rus y Constantinopla se hizo más positiva y pudieron llegar a acuerdos y tratados comerciales. La Rus suministraba a Constantinopla un suministro constante de esclavos, miel y pieles, mientras que Constantinopla le daba a cambio artículos de lujo.

Principados de la Rus de Kiev (1054 d. C.)

SeikoEn, CC BY-SA 3.0 <https://creativecommons.org/licenses/by-sa/3.0>, vía Wikimedia Commons; https://commons.wikimedia.org/wiki/File:Principalities_of_Kievan_Rus%27_(1054-1132).jpg

Oleg expandió la Rus de Kiev desde Kiev hasta el río Dniéper y dispuso de una serie de fortalezas que llegaron hasta el Báltico. Esto lo enfrentó directamente a los jázaros, que consideraban que estaba invadiendo su territorio. Aunque en un principio los jázaros fueron aliados de la Rus, esta relación acabó agriándose.

Oleg decidió atacar a los jázaros. Los bizantinos interfirieron a menudo en este conflicto, ya que les beneficiaba, puesto que tanto los jázaros como la Rus representaban diversas amenazas para el Imperio bizantino. Según un registro histórico llamado la Carta de Schechter, Oleg luchó contra el Imperio jázaro alrededor del año 941, enfrentándose al general jázaro Pesakh. Oleg perdió el combate.

El gran príncipe Sviatoslav I de Kiev fue el responsable de la conquista de los jázaros. En la década de 960, capturó los bastiones jázaros de Tamantarkhan y Sarkel. Finalmente, la capital jázara de Atil cayó en manos de los rus. Según una fuente contemporánea, los rus saquearon la ciudad de tal manera que no quedó nada. Con los jázaros fuera del camino, el estado de la Rus de Kiev pudo crecer hasta nuevas cotas.

Olga de Kiev

Aunque la *Primera crónica eslava* proporciona muchos detalles útiles que aclaran la historia de la Rus de Kiev, también está muy influenciada por las leyendas. Por ejemplo, aunque la historia de la muerte de Oleg es fascinante y entretenida, es probable que se base más en la ficción que en la realidad. Otra figura de la *Crónica* que fue víctima de la exageración fue Olga de Kiev. Puede que fuera una persona real, pero es poco probable que perpetrara todos los actos que se describen en la *Crónica*.

Según la *Crónica*, Igor de Kiev sucedió a Oleg de Nóvgorod. Para entonces, Igor se había casado con una mujer llamada Olga. Al igual que Oleg, Igor recaudaba tributos de las regiones conquistadas. También era un buen guerrero y conquistó nuevas tierras. Sin embargo, se volvió codicioso y empezó a cobrar tributos más altos. Llegó a ser tan opresivo que una tribu llamada los drevlianos decidió asesinarlo. Su complot tuvo éxito, y Olga tuvo que hacerse cargo de su joven hijo, Sviatoslav I. Como Sviatoslav era aún demasiado joven para gobernar, Olga gobernó como regente en su lugar.

Olga decidió inmediatamente vengar el asesinato de su marido. Los drevlianos decidieron optar por la diplomacia y enviaron emisarios para concertar un matrimonio entre Olga y su príncipe, Mai. Olga engañó a los emisarios para que se subieran a un barco, que luego fue transportado.

Los desprevenidos emisarios fueron arrojados a un pozo y enterrados vivos. Sin embargo, Olga aún no había terminado. Invitó a los sabios drevlianos a visitarla. Cuando llegaron, les ordenó que se bañaran antes de ir a verla. Una vez en los baños, les prendió fuego y los quemó vivos. Finalmente, dijo que perdonaría a los drevlianos si organizaban un banquete fúnebre en honor de Igor. Aceptaron, y en el banquete todos comieron abundantemente y se emborracharon. En cuanto los drevlianos se emborracharon, Olga ordenó a sus hombres que los mataran a todos.

Un cuadro del bautismo de Olga de Kiev pintado por Sergei Kirillov
Sergei Kirillov, CC BY-SA 3.0 <https://creativecommons.org/licenses/by-sa/3.0>, vía Wikimedia Commons; https://commons.wikimedia.org/wiki/File:Kirillov_knyaginya_olga.jpg

Los drevlianos se dieron cuenta de que Olga no los iba a perdonar y se retiraron a la ciudad de Iskórosten. Olga sitió la ciudad, pero no pudo tomarla. Finalmente, prometió dejar de atacar la ciudad si cada hogar le daba tres palomas y gorriones. Los drevlianos cumplieron y le entregaron las aves. Una vez que obtuvo su tributo, ella y sus soldados ataron hilos de azufre caliente a las aves y las liberaron. Los pájaros volvieron a sus nidos en las casas de la ciudad. La ciudad se incendió y Olga mató o esclavizó a los supervivientes.

Aunque la mayor parte de la historia de Olga se basa en la leyenda, la verdadera Olga podría haber desempeñado un papel en la difusión del cristianismo por la Rus de Kiev. La Iglesia cristiana negó posteriormente todos los aspectos violentos de la historia de Olga y la convirtió en santa por su labor misionera. A pesar de los esfuerzos de Olga, Vladimir el Grande sería quien transformaría la Rus de Kiev del paganismo al cristianismo ortodoxo.

Capítulo 2: La cristianización de la Rus de Kiev y la invasión mongola (980-1340)

Al principio, cuando los vikingos llegaron a Rusia, probablemente querían establecer rutas comerciales con los eslavos y otras culturas. Sin embargo, con el tiempo, los vikingos pasaron a ser conocidos como los rus, y crearon la Rus de Kiev, que se convirtió en una potencia dominante en la región. Con la caída de los jázaros, la Rus de Kiev se hizo cada vez más poderosa. Exigían tributo a los eslavos, y sus vecinos romanos orientales los consideraban «bárbaros». Se hicieron esfuerzos para convertir a la Rus al cristianismo, pero eso solo fructificó gracias a la labor del príncipe Vladimir I.

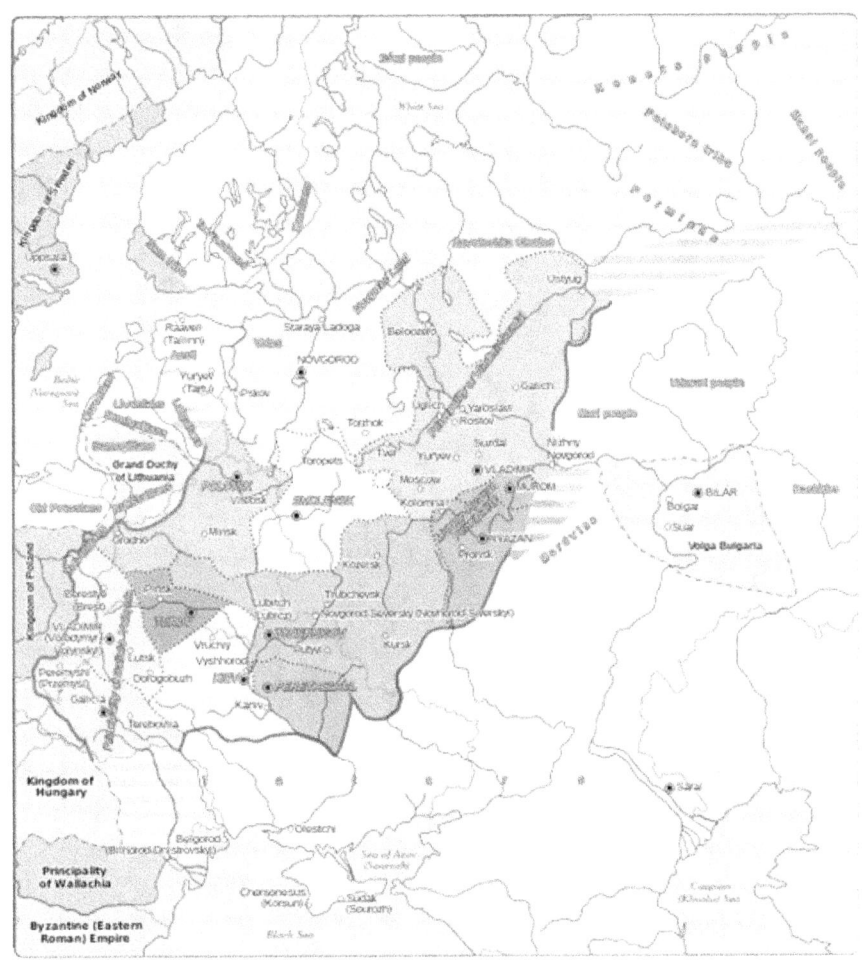

Mapa de la Rus de Kiev en 1237
Goran tek-en, CC BY-SA 4.0 <https://creativecommons.org/licenses/by-sa/4.0>, vía Wikimedia Commons; https://commons.wikimedia.org/wiki/File:Kievan_Rus_in_1237_(en).svg

La Iglesia ortodoxa oriental tuvo un efecto indeleble en la cultura eslava. El cristianismo no sería la única nueva influencia sobre los eslavos y la Rus, ya que una nueva amenaza se cernía sobre Oriente. Los mongoles invadieron la Rus de Kiev y la convirtieron en parte de la Horda de Oro. Con el tiempo, los mongoles serían expulsados de Rusia, pero la invasión mongola tendría consecuencias duraderas en la historia rusa.

El príncipe Vladimir I

El príncipe Vladimir era el hijo menor de Sviatoslav, hijo de la famosa Olga de Kiev. Sviatoslav nombró heredero de Kiev a su hijo mayor, Yaropolk, mientras que Vladimir fue nombrado príncipe de Nóvgorod hacia 969. Pocos años después, Sviatoslav murió y el reino entró en un periodo de inestabilidad política. Las tensiones entre los hermanos se intensificaron hasta que Yaropolk asesinó a su hermano menor Oleg hacia 976. Vladimir pudo escapar a Escandinavia y evitó correr la misma suerte.

Vladimir I
https://commons.wikimedia.org/wiki/File:Vladimir_I_The_Saint.jpg

Afortunadamente, Vladimir tenía familia en Noruega, y el gobernante de este país, Haakon Sigurdsson, acogió a Vladimir. Juntos, conspiraron contra Yaropolk. Vladimir pudo regresar en 978 y derrotar a su hermano. Hizo ejecutar a Yaropolk acusado de traición y se hizo con el control del reino de su padre. Como nuevo gobernante de la Rus de Kiev, Vladimir buscó formas de fortalecer y expandir su territorio. Según los registros, pasó una década fortificando sus fronteras y reforzando su ejército. Durante este tiempo, la Rus de Kiev seguía siendo principalmente pagana. Según la *Primera crónica eslava*, Vladimir decidió despachar enviados a los países vecinos para investigar sus religiones. El dios del trueno, Perún, gozaba de gran popularidad en la Rus de Kiev y contaba con varios santuarios y cultos que le rendían culto. A su regreso, los enviados informaron de que la religión cristiana ortodoxa practicada en Constantinopla era impresionante, lo que pudo contribuir a la decisión de Vladimir de convertirse al cristianismo.

Cristianismo ortodoxo

Existen tres grupos principales de cristianismo: la Iglesia ortodoxa, los católicos romanos y los protestantes. La mayoría de las iglesias ortodoxas son autónomas o tienen su propia cabeza, pero están unidas por la tradición y la teología. Muchas iglesias ortodoxas han incorporado elementos de la cultura de Oriente Próximo, griega, eslava y rusa. Gran parte de la tradición ortodoxa se basa en la geografía, lo que significa que muchas de las iglesias son únicas y reflejan las culturas y tradiciones locales. El cristianismo ortodoxo se desarrolló a partir del cristianismo practicado por el Imperio romano de Oriente. Las iglesias ortodoxas comparten muchas similitudes con otras iglesias cristianas, concretamente la creencia de que Jesucristo era el mismo Dios, así como la resurrección y crucifixión de Jesús. Sin embargo, hay algunas diferencias notables en la teología y la forma de vida ortodoxas en comparación con otras iglesias cristianas.

Hay muchas iglesias ortodoxas diferentes, como la Iglesia ortodoxa oriental, que tradicionalmente estaba dirigida por el patriarca de Constantinopla. Sin embargo, la mayoría de las iglesias ortodoxas tienen sus propios patriarcas o están dirigidas por arzobispos. Originalmente, no había diferencias entre las iglesias orientales y occidentales; sin embargo, a lo largo de los siglos, se desarrollaron cismas, y las doctrinas cristianas se decidieron a través de diversos concilios. Había cinco sedes patriarcales principales: Roma, Alejandría, Constantinopla, Jerusalén y Antioquía. Tras la separación de Roma, el cristianismo ortodoxo pasó a denominarse Iglesia «oriental» y se convirtió en la principal fuerza cristiana en Asia Menor, Rusia, el Mediterráneo oriental y los Balcanes.

Alrededor del año 787, las iglesias occidental y oriental se dividieron casi por completo. La Iglesia de Oriente se quejaba de que la de Occidente pretendiera que el papado tenía derecho a controlar ambas iglesias. También había diferencias de opinión sobre diversos asuntos teológicos. La mayoría de los ortodoxos creen que la gran división entre el cristianismo occidental y oriental se produjo durante el saqueo de

Constantinopla en la Cuarta Cruzada de 1204. El saqueo permitió finalmente a los otomanos musulmanes hacerse con el control de la histórica ciudad en 1453. Esta ofensa capital nunca fue perdonada por la Iglesia ortodoxa oriental y cimentó la enorme brecha entre la Iglesia oriental y Roma (sede del poder de la Iglesia occidental).

El bautismo de Kiev

Existen varias versiones sobre la conversión de la Rus al cristianismo. Una versión de los hechos se centra en la afirmación de que los enviados del príncipe Vladimir regresaron de investigar las religiones de los territorios circundantes e informaron de la grandeza de la Iglesia ortodoxa. Los enviados dijeron que las fiestas y las iglesias de Constantinopla eran las más hermosas que habían visto nunca. Estos informes convencieron al príncipe Vladimir de adoptar la nueva religión debido a la belleza y el prestigio de la iglesia.

Sin embargo, otros afirmaban que Basilio II de Bizancio se enfrentaba a un levantamiento cerca de Constantinopla y necesitaba un aliado. Se dirigió al príncipe Vladimir, que aprovechó la situación para exigir una alianza matrimonial real con Constantinopla. Para endulzar el trato, Vladimir prometió convertir a la Rus a cambio de la alianza matrimonial. Otra versión afirma que Vladimir se enamoró de la hermana de Basilio II, Ana, y se convirtió al cristianismo para conseguir su mano.

Aunque es posible que los expertos nunca lleguen a conocer la verdadera razón de la conversión de Vladimir, sí saben que llevó consigo a su nueva esposa a Kiev en 988. Vladimir marcó una gran diferencia, ya que destruyó inmediatamente todos los templos paganos locales. A continuación, construyó la Iglesia de los Diezmos, la primera iglesia de piedra de Kiev. La Rus de Kiev también disfrutó de una duradera alianza con el Imperio bizantino.

Vladimir no se detuvo con la construcción de la iglesia. A su regreso a Kiev en 988, hizo bautizar a sus doce hijos y a otros funcionarios. Todos los ciudadanos de Kiev fueron convocados a orillas del río Dniéper, donde fueron bautizados mientras sacerdotes ortodoxos oraban sobre la escena. Estas acciones pretendían convertir la ortodoxia en la nueva religión del estado, y el bautismo masivo se conoció como el «bautismo de Kiev»

A pesar de los esfuerzos de Vladimir, muchas comunidades de la Rus de Kiev se opusieron firmemente a la nueva religión, lo que provocó muchos levantamientos brutales y violentos. Vladimir murió hacia 1015 y se convirtió en la figura principal de la ortodoxia rusa. Tras su muerte, se enviaron partes de su cuerpo a varias iglesias para que sirvieran como reliquias sagradas.

El ascenso de los mongoles

Como tantos otros estados, la Rus de Kiev era tan fuerte como sus gobernantes. En 1054, Yaroslav el Sabio murió y la Rus de Kiev se quedó sin su gran líder. Como consecuencia, el estado empezó a desmoronarse y las facciones más pequeñas lucharon por el poder. Durante décadas, los príncipes se disputaron territorios, lo que debilitó su poder. Al dividirse el poder entre los principados locales, las ciudades y los territorios quedaron abandonados a su suerte. Para empeorar las cosas, el Imperio bizantino se estaba debilitando, por lo que la Rus de Kiev no podía contar con su aliado más fuerte. Todos estos factores conducirían a una amenaza mucho más grave: los mongoles.

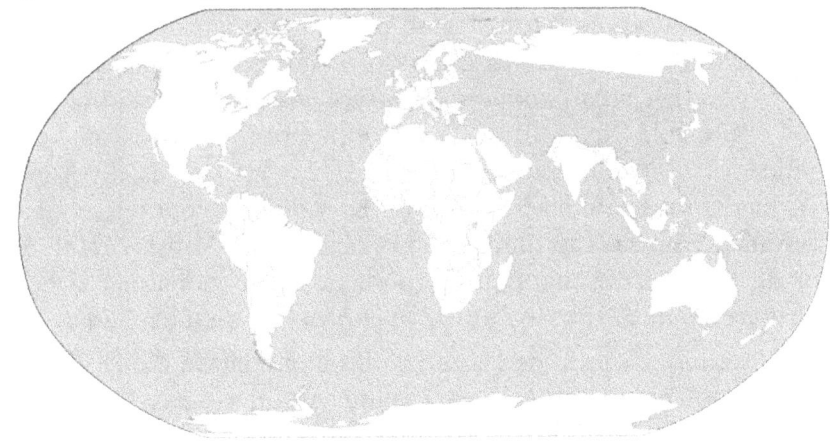

Mapa del gran Imperio mongol

Canuckguy y muchos otros, CC BY-SA 4.0 <https://creativecommons.org/licenses/by-sa/4.0>, vía Wikimedia Commons; https://commons.wikimedia.org/wiki/File:Great_Mongol_Empire_map.svg

El Imperio mongol fue fundado por el formidable Gengis Kan y duró desde 1206 hasta 1368. Durante ese tiempo, dominó la mayor parte de Eurasia. Los mongoles disponían de un gigantesco ejército de soldados entrenados y de la tecnología bélica más avanzada de la época. Antes del ascenso de Gengis Kan, los mongoles se veían obligados a mantener un estilo de vida nómada, ya que sus granjas y rebaños requerían un suministro constante de hierba y agua. Como las sequías y las hambrunas eran habituales, los mongoles vivían con frecuente inseguridad.

En 1206, Gengis Kan (antes conocido como Temuyín, hijo de un jefe local) asumió el poder y unió a las tribus mongolas. Reformó las leyes, estableció un nuevo tipo de gobierno, mejoró el comercio y fomentó el avance de la tecnología, como las armaduras de cuero, la pólvora, los estribos y los arcos compuestos. Gengis Kan también adoptó una política de libertad religiosa.

El ejército mongol alcanzó rápidamente un éxito increíble. Se dedicaron a la guerra psicológica, acumularon grandes arsenales y utilizaron tácticas de guerra de guerrillas, como el ataque y la huida y las tormentas de flechas. Gracias a una política de expansión agresiva, las fronteras del Imperio mongol se ampliaron rápidamente. A medida que el ejército mongol avanzaba, sembraba el terror, ya que los informes sobre sus brutales tácticas se extendían por los territorios circundantes. Sin embargo, el Imperio mongol también fomentó un breve periodo de paz, que permitió nuevas oportunidades comerciales y viajes seguros.

Invasión de la Rus de Kiev

Durante el periodo de inestabilidad política del siglo XII en la Rus de Kiev, el fracturado reino se vio obligado a enfrentarse al increíblemente exitoso y temido ejército mongol. Una vez unida Asia Central bajo el dominio mongol, los mongoles empezaron a buscar nuevas oportunidades. Rápidamente pusieron sus ojos en la Rus de Kiev. En 1223, el ejército mongol atacó la Rus de Kiev, lo que condujo a la batalla del río Kalka. La batalla terminó con la ejecución de Mstislav III de Kiev. La Rus de Kiev perdió una parte importante de su ejército, y la derrota debilitó gravemente al Estado, que ya se encontraba en dificultades.

Tras la rotunda victoria de los mongoles en la batalla del río Kalka, el ejército mongol regresó a Asia para reunirse con Gengis Kan. Los rus vivían atemorizados por las fuerzas mongolas, lo que se demostró fundado cuando los mongoles regresaron en 1237. Batú Kan, uno de los nietos de Gengis Kan, condujo a las fuerzas mongolas a la Rus de Kiev e incendió Kolomna y Moscú. Entre 1237 y 1238 atacó todos los principados de la Rus de Kiev. La destrucción fue tan generalizada que miles de rus se vieron obligados a huir al duro norte, donde lucharon por ganarse la vida debido a la escasez de recursos. Muy pocas ciudades se salvaron durante la invasión. En 1240, Batú Kan finalmente capturó la ciudad de Kiev, y su victoria sobre la Rus de Kiev fue completa.

Los tártaros y la Horda de Oro

Los territorios europeos que pertenecían al Imperio mongol se llamaban la Horda de Oro. La tradición mongola afirma que, antes de morir, Gengis Kan dejó su imperio a sus cuatro hijos. A su hijo Jochi se le permitió gobernar las tierras alrededor y más allá de los montes Urales. Más tarde, el hijo de Jochi, Batú Kan, establecería la Horda de Oro. Otro de los hijos de Gengis Kan, Ögedei Kan, ordenó al ejército mongol invadir Europa, pero Batú Khn terminó el trabajo.

Una vez derrotada la Rus de Kiev, los mongoles marcharon hacia el oeste para derrotar a polacos y húngaros. El resto de Europa se salvó, ya que Ögedei murió poco después de la derrota del ejército húngaro en la batalla de Mohi (también conocida como batalla del río Sajó). Aunque la Horda de Oro siguió siendo un territorio mongol fijo durante los dos siglos siguientes, el ejército mongol nunca volvió a adentrarse tanto en Europa. Sin embargo, los mongoles dejaron una huella duradera en Europa, ya que los europeos llamaban a los mongoles «tártaros». Esto se debía probablemente al hecho de que un clan mongol se llamaba los tártaros, pero también se refería al Tártaro, que era la parte más profunda del inframundo. Se creía que los mongoles habían llegado directamente del infierno para sembrar el caos en Europa.

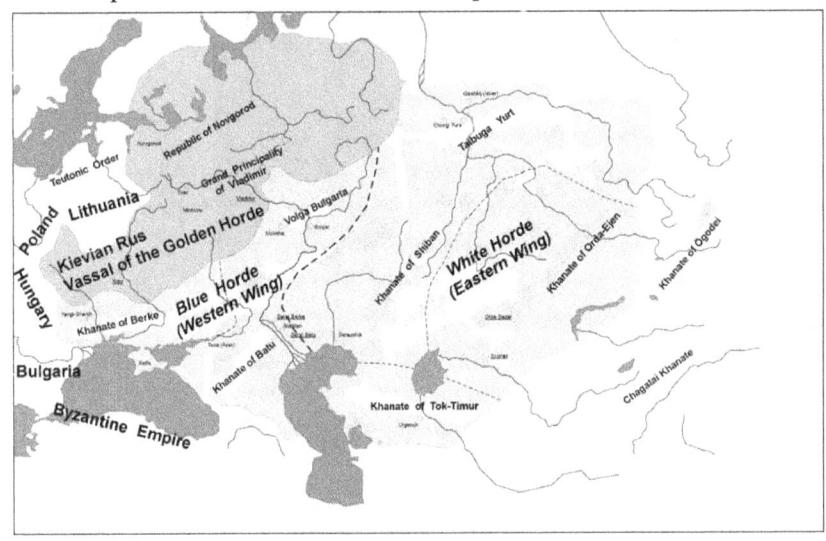

Mapa de la Horda de Oro

Afil, CC BY-SA 3.0 <https://creativecommons.org/licenses/by-sa/3.0>, vía Wikimedia Commons; https://commons.wikimedia.org/wiki/File:Golden_Horde_2.png

Después de que los mongoles tomaran el control de la Rus de Kiev, construyeron su capital en Sarai, situada cerca del río Volga. Los príncipes rusos se vieron obligados a pagar tributo a los mongoles. A pesar de la dura realidad de la invasión mongola, el periodo del yugo tártaro (que se refiere al dominio económico y cultural de los mongoles) fue sorprendentemente pacífico. Los mongoles no obligaron a los rus a convertirse ni a adoptar prácticas mongolas. Dejaron a los rus en paz mientras pagaran sus impuestos.

Alejandro Nevski

Alejandro Nevski nació en 1221 y fue príncipe de Nóvgorod y Kiev y gran príncipe de Vladímir. Durante años, los novgorodianos habían invadido tierras suecas en territorio finlandés, lo que provocó una invasión sueca en 1240. Alejandro logró derrotar a los suecos, lo que le valió el honorífico de «Nevsky». (Nevsky significa «del Nevá», en referencia a su victoria en la batalla del Nevá.) Sin embargo, sus proezas militares no tuvieron un mérito duradero, ya que los novgorodianos lo expulsaron por inmiscuirse en los asuntos de la ciudad.

Alejandro Nevski
Autor desconocido, CC BY 4.0 <https://creativecommons.org/licenses/by/4.0>, vía Wikimedia Commons; https://commons.wikimedia.org/wiki/File:Alexander_Nevsky-0.jpg

Poco después de la invasión sueca, el papa de la época, Gregorio IX, convenció a los caballeros teutones (una sociedad militar sancionada por el catolicismo que se formó originalmente para proteger y ayudar a los cristianos que peregrinaban a Tierra Santa) de que «cristianizaran» el Báltico. Una medida irónica, puesto que los territorios ya eran predominantemente cristianos. Se pidió a Alejandro que regresara a Nóvgorod para derrotar esta nueva amenaza. Durante una batalla en las aguas heladas del lago Peipus en 1242, Alejandro derrotó a los caballeros teutones.

Por desgracia, los ejércitos mongoles ya estaban en la Rus de Kiev y estaban conquistando rápidamente muchos principados rusos. El padre de Alejandro se sometió a los mongoles en 1246, pero murió poco después. Alejandro y su hermano Andrés apelaron a Batú Kan para que los ayudara a resolver el asunto de la sucesión. Sin embargo, como Alejandro era el favorito de Batú, el gran kan nombró a Andrés gran príncipe (en aquel momento, el gran kan estaba disgustado con Batú Kan). Andrés intentó conspirar contra los mongoles, pero Alejandro reveló el complot al hijo de Batú Kan, que tomó represalias y derrotó a Andrés. Alejandro fue nombrado entonces gran príncipe.

Alejandro optó por pagar tributo a los mongoles en lugar de intentar derrotarlos, lo que le valió duras críticas de sus pares y de los rus. Aunque muchos consideraron cobarde que Alejandro aceptara el dominio mongol, fue capaz de reconstruir la infraestructura rusa construyendo iglesias y fortificaciones y aprobando leyes. Esto no habría sido posible si hubiera sido depuesto por los mongoles.

Alejandro continuó protegiendo a la Rus de Kiev durante su reinado. Sofocó rebeliones antes de que los mongoles reaccionaran brutalmente y consiguió que la Rus quedara exenta del servicio militar obligatorio. Las acciones de Alejandro obtuvieron el apoyo de la Iglesia ortodoxa rusa, y fue declarado santo en 1547. A la muerte de Alejandro, la Rus de Kiev se dividió rápidamente en principados, pero su hijo Daniel logró fundar la casa de Moscú.

Impacto de la invasión mongola

La Rus de Kiev quedó en ruinas tras la invasión mongola, y años de impuestos forzosos impidieron a los rus reparar sus ciudades. Los rus se centraron en reconstruir Kiev y Pskov, pero tardaron años en restaurarlas. Mientras tanto, florecieron nuevas ciudades, como Tver y Moscú. Nóvgorod también logró escapar a la mayor parte de la destrucción y siguió prosperando.

Aunque los años bajo el yugo tártaro fueron relativamente pacíficos, la Rus seguía viviendo con la amenaza constante de la invasión, que se produjo unas cuantas veces y siempre conllevaba pesadas cargas para la población local, ya que se veía obligada a reparar la destrucción.

Los tártaros también construyeron un enorme sistema de carreteras postales e introdujeron nuevas tácticas militares y métodos de organización. Con el paso de los años, la cultura mongola empezó a afectar a las poblaciones locales. Los nobles rusos empezaron a adoptar la lengua mongola y cambiaron sus nombres. Estos elementos culturales tendrían influencias lingüísticas y estéticas en la cultura rusa. El dominio mongol también provocó la división de los eslavos orientales y dio lugar a la formación de tres naciones modernas: Rusia, Bielorrusia y Ucrania.

En el siglo XIV, algunos dirigentes mongoles se habían convertido al islam, mientras que los gobernantes de la Horda de Oro practicaban el budismo o las creencias paganas mongolas. Cuando la peste negra asoló el país en el siglo XIV, la Horda de Oro quedó gravemente debilitada, y la situación empeoró con el estallido de una guerra civil. Entre 1359 y 1382, el dominio mongol comenzó a debilitarse en Europa oriental. En 1380, los rusos consiguieron su primera gran victoria contra los mongoles en la batalla de Kulikovo. Con el tiempo, la Horda de Oro se dividió en distintos kanatos, que poco a poco se verían abocados a la extinción.

El ascenso de Moscú

En los primeros años de la historia de Rusia, Moscú era un puesto comercial relativamente pequeño que pertenecía al principado de Vladimir-Súzdal. En los años de dominio mongol, Moscú estaba protegida en el norte y, en su mayor parte, a salvo de las casi constantes luchas por el poder y las incursiones que asolaban otras ciudades rusas. Ciudades como Kiev pasaron apuros económicos, ya que se vieron obligadas a reconstruir tras las destructivas incursiones mongolas.

Alrededor de 1288 nació Iván I. Más tarde se convertiría en el príncipe de Moscú y convencería a mucha gente para que se trasladara a la ciudad, ya que era comparativamente más segura que otras ciudades de Rusia. Gracias a la astuta política de Iván I, fue capaz de convertir Moscú en una ciudad próspera y segura durante la inestabilidad del liderazgo mongol. Durante este tiempo, Moscú se convirtió en la sede del poder de la Iglesia ortodoxa rusa.

SEGUNDA PARTE:
El ascenso del Imperio ruso (1480-1917 d. C.)

Capítulo 3: Del Gran Ducado de Moscú a Pedro el Grande

Cuando los mongoles invadieron la Rus de Kiev, arrasaron el territorio como si nada pudiera detenerlos. La Rus de Kiev se convirtió entonces en la Horda de Oro, la parte europea del extenso Imperio mongol. Los dos siglos de dominio mongol se perciben como relativamente pacíficos, pero la Rus vivía con un miedo casi constante a las incursiones destructoras, que provocaban costosos daños. Finalmente, a medida que el Imperio mongol se debilitaba, la Rus pudo recuperar sus tierras, lo que fue posible en gran medida gracias a los esfuerzos de Iván III, que se convertiría en el «gran duque de todas las Rusias» e Iván el Grande.

Iván el Grande unificó Rusia y estableció Moscú como importante ciudad rusa. Sin embargo, no todos sus descendientes seguirían su ejemplo, ya que su nieto, Iván IV, se convertiría en uno de los gobernantes más temidos de la historia y se ganaría el título de «Iván el Terrible». Finalmente, los Románov ocuparon el trono y establecieron una dinastía duradera que daría lugar a personajes como Pedro el Grande.

Iván el Grande

Iván III nació en 1440, hijo de Vasili II de Rusia. En 1450, Iván se convirtió en corregente con su padre y finalmente sucedió a este en 1462. Demostró ser un gobernante prudente, pero tenía el objetivo de unificar los estados rusos. Durante décadas, Moscú había sido aliada de los mongoles. La ciudad estaba enclavada a lo largo de rentables rutas comerciales entre el río Volga y Nóvgorod. Esta ventajosa posición geográfica permitió el florecimiento de Moscú, y los predecesores de Iván III pudieron ampliar enormemente las fronteras moscovitas. Sin embargo, Iván III no estaba satisfecho con la posición de Moscú y decidió encontrar la forma de acabar con el dominio mongol sobre la ciudad.

En 1476, se negó a pagar el tributo normal a los mongoles. Cuatro años más tarde, Ahmed Kan atacó la ciudad, pero se vio obligado a retirarse al interior del Imperio mongol. Para entonces, el Imperio mongol estaba fracturado y dividido, lo que significaba que los gobernantes mongoles eran incapaces de mantener su dominio sobre la Horda de Oro.

Iván III de Rusia
https://commons.wikimedia.org/wiki/File:Ivan_III_of_Russia_(Granovitaya_palata,_1881-2).jpg

Cuando los mongoles dejaron de ser un problema, Iván III se propuso unificar Rusia. Durante años, Moscú y Nóvgorod habían sido enemigas, pero Iván III fue capaz de derrotar a la ciudad rival y someterla a su dominio. Con el tiempo, logró hacerse con el control de Yaroslav, Rostov, Vyatka y Tver, lo que puso fin a la autonomía de los distintos principados rusos.

Iván III también se alió con la Iglesia ortodoxa rusa, lo que aumentó su poder. Los antiguos príncipes autónomos rusos pasaron a formar parte de la nobleza, y si un estado conquistado se rebelaba, los miembros de su familia real eran llevados a Moscú o enviados a tierras lejanas, lo que ponía fin a la mayoría de las rebeliones. Iván III también creó un nuevo código legal llamado el Sudébnik moscovita. Más tarde se casó con Sofía Paleólogo de Constantinopla, que trajo muchas influencias bizantinas a la corte rusa.

Iván el Grande estaba decidido a convertir Moscú en la próxima Constantinopla. Invitó a Moscú a maestros artesanos y supervisó la construcción de muchos edificios suntuosos, como catedrales y palacios. Anteriormente, Rusia se había regido mediante sistemas patriarcales de gobierno muy influidos por los miembros de la nobleza llamados boyardos. Sin embargo, Iván III introdujo un sistema de gobierno autocrático similar al bizantino y sacralizó el cargo de monarca. Los boyardos quedaron reducidos a ministros que dependían en gran medida de la voluntad del rey, lo que sembró la discordia entre la nobleza. Iván III murió en 1505, dejando a su hijo, Vasili III, como nuevo gobernante de Moscú.

Vasili III

Antes de casarse con Sofía Paleólogo, Iván III estuvo casado con María de Tver. Cuando esta murió en 1467, Iván III se casó con Sofía Paleólogo, sobrina del último emperador bizantino, Constantino XI. Al principio, la condición de su matrimonio era que el hijo de María heredaría el trono. Sin embargo, Sofía ejercía una influencia considerable sobre su marido y fomentaba sus ideales imperialistas. Era conocida por ser una mujer formidable, y fue su hijo, Vasili III, quien heredó el trono de Iván III en lugar del hijo de María de Tver, Iván el Joven.

Vasili III nació en 1479 y heredó el estado moscovita en 1505. Amplió las fronteras de Moscú conquistando Volokolamsk, Riazán, Nóvgorod-Severski, Pskov y Smolensk. La toma de Smolensk fue uno de sus mayores logros, ya que era el bastión de Lituania. Aunque las hazañas militares y políticas de Vasili III eran impresionantes, era conocido por ser un gobernante opresivo. Castigaba brutalmente a todo aquel que le desobedeciera y recortaba el poder de los boyardos, especialmente de aquellos que procedían de principados conquistados. Vasili III murió en 1533, dejando a su hijo de tres años, que acabaría sucediéndolo y se convertiría en Iván el Terrible.

Iván el Terrible

Iván IV solo tenía ocho años cuando murió su madre, dejándolo a él y a su hermano sordomudo Yuri en manos de la nobleza, que estaba resentida con el padre y el abuelo de Iván por haber reducido enormemente su poder. Algunos informes afirman que Iván y Yuri, de niños, recibían un trato terrible y que a menudo se los dejaba sin comida ni ropa adecuada. Este trato por parte de la nobleza fomentó en Iván una profunda desconfianza y, con el tiempo, odio hacia los nobles. Al parecer, cuando tenía trece años, Iván IV estaba con la familia Shuiski. En 1453, durante una fiesta, Iván hizo arrestar al más poderoso de los Shuiski, el príncipe Andréi, por administrar mal el país. El príncipe Andréi fue condenado a muerte poco después, probablemente golpeado hasta la muerte por sus carceleros.

Iván IV de Rusia
https://commons.wikimedia.org/wiki/File:Ivan_the_Terrible_(cropped).JPG

A los dieciséis años, Iván IV fue coronado «zar de todas las Rusias». Poco después se casó con Anastasia Románovna. El matrimonio cimentó su alianza con la formidable familia Románov. Aunque Iván IV se ganó una reputación infame, los primeros años de su reinado fueron relativamente buenos. Estableció un ejército permanente y un parlamento ruso. Introdujo la primera imprenta en Rusia, construyó la catedral de San Basilio en Moscú y estableció nuevas normas eclesiásticas.

Por desgracia, en la década de 1560, Rusia atravesó una época difícil debido a las invasiones tártaras, un bloqueo marítimo iniciado por suecos y polacos, y una terrible sequía. Para empeorar las cosas, Anastasia murió en 1560, probablemente envenenada. Estos acontecimientos hicieron que Iván IV tuviera problemas mentales, y huyó de Moscú en 1564. Se lo convenció para que regresara con la condición de que se le concediera el poder absoluto. Iván IV continuó acosando a los boyardos, ejecutándolos, exiliándolos y destituyéndolos por la fuerza de sus puestos de poder.

A pesar de su creciente fama de líder mentalmente inestable, consiguió muchos logros impresionantes. Llegó a un provechoso acuerdo comercial con Inglaterra y derrotó al kanato de Kazán, a la horda de Crimea y a muchas regiones siberianas. Desgraciadamente, también tomó varias decisiones imprudentes, como la guerra de Livonia, que duró veinticuatro años y vació a Rusia de los recursos necesarios. Durante la guerra, Rusia luchó contra la Mancomunidad Polaco-Lituana y el Imperio sueco.

Iván IV murió en 1584 de un ataque de apoplejía. Iván IV había asesinado a su hijo mayor en un arrebato de pasión, por lo que el trono pasó a manos de Fiódor Ivánovich, un hombre que no estaba mentalmente capacitado para gobernar.

Período Tumultuoso

Desgraciadamente, Fiódor Ivánovich murió en 1598 sin heredero, lo que dejó a Rusia en un estado de crisis dinástica. El Zemsky Sobor, o Gran Asamblea Nacional, nombró a Boris Godunov sucesor de Fiódor. Según los informes, Fiódor había tenido problemas mentales, y Boris fue el boyardo que asistió eficazmente a Fiódor durante su reinado. Sin embargo, muchas otras familias nobles consideraban a Boris de bajo rango antes de su nombramiento como zar y se negaron a seguirlo. Así, Boris tuvo un reinado corto y problemático, que terminó en 1605.

Entre 1601 y 1603, una devastadora hambruna asoló Rusia y causó la muerte de unos dos millones de rusos. La hambruna fue causada por una erupción volcánica ocurrida en Perú un año antes. Desgraciadamente, la erupción provocó que las temperaturas permanecieran más frías de lo habitual durante el día y descendieran hasta el punto de congelación por la noche, lo que mató grandes cantidades de cosechas. Los habitantes acudieron desesperados a Moscú en busca de alimentos, agotando los recursos de la ciudad.

Una vez pasada la hambruna, las cosas no hicieron más que empeorar. Antes del reinado de Boris, el hermano menor de Fiódor Ivánovich había muerto tras ser supuestamente apuñalado (no se sabe si fue autoinfligido). Sin embargo, muchos creían que el hermano menor de Fiódor, Dmitri, había escapado. Como resultado, surgieron algunos pretendientes. Durante años, Rusia se vio acosada por el falso Dimitri, con pretendientes que se alzaban y ganaban adeptos para invadir Rusia. El primer pretendiente fue apoyado por los lituanos, los cosacos y los exiliados rusos. El falso Dimitri I ascendió al trono en 1605 tras la muerte de Boris y el breve reinado de su hijo. Sin embargo, Vasili Shuiski destronó y mató al pretendiente antes de tomar el trono para sí. Gobernó de 1606 a 1610.

Durante el gobierno de Shuiski, apareció otro falso Dimitri con el apoyo de polacos y lituanos. Alrededor de 1605 comenzó la guerra polaco-moscovita, que duró hasta 1618 y puso aún más a prueba los recursos de Moscú. Mientras tanto, los boyardos se peleaban entre sí para hacerse con el poder.

Finalmente, Miguel Románov fue elegido zar de Rusia en 1613 por la Gran Asamblea Nacional.

Miguel I Románov

Miguel I nació en 1596, hijo de un importante boyardo llamado Fiódor Nikítich Románov, que había sido desterrado por Boris Godunov en 1600. Sin embargo, los Románov alcanzaron prominencia durante el Período Tumultuoso. Fiódor había sido obligado a tomar los votos monásticos y llegó a ser conocido como el patriarca Filaret. Miguel era una opción popular para el trono, ya que estaba emparentado lejanamente con Iván el Terrible y Fiódor Románov. Aunque los boyardos estaban satisfechos con el resultado, el futuro de Miguel era increíblemente incierto debido a la atmósfera política que persistía a causa del Período Tumultuoso.

Miguel I demostró ser un líder competente que consiguió revitalizar Moscú. También desarrolló el Razryadny Prikaz (oficina de administración provincial) y el Posolsky Prikaz (la oficina de asuntos exteriores). También consiguió establecer la dinastía Románov, que gobernaría Rusia durante los siglos siguientes. Miguel I murió en 1645 y su hijo Alexis lo sucedió.

Miguel I Románov
https://commons.wikimedia.org/wiki/File:Michael-I-Romanov-Wedekind.jpg

Alexis I tuvo que hacer frente a varios disturbios en ciudades importantes como Nóvgorod y Pskov. Durante su reinado, también emprendió guerras contra Suecia y Polonia. A pesar de todos los problemas, era conocido por ser un gobernante pacífico. Consiguió promulgar un nuevo código legal (el Sobornoye Ulozheniye), que condujo a la creación de una clase de siervos e hizo necesaria la documentación oficial del Estado para viajar por el país. Durante esta época, la Iglesia ortodoxa creó nuevas costumbres bajo el Gran Sínodo de Moscú, lo que provocó la división de la iglesia entre los que se adherían a las nuevas tradiciones y los que se aferraban a las antiguas. Alexis I murió en 1676, tras unas tres décadas en el trono.

Disputa dinástica

Desgraciadamente, la muerte de Alexis I provocó otra disputa dinástica, que tendría consecuencias para todo el reino. La disputa comenzó cuando los hijos de la primera y la segunda esposa de Alexis I empezaron a pelearse por quién tenía derecho al trono. Al principio, la lucha era entre Fiódor III, Sofía Alekséyevna e Iván V, hijos de Alexis I de su primer matrimonio, y Pedro Alekséyevich, hijo de la segunda esposa de Alexis I. Fiódor III se convirtió en zar, pero murió tras seis años de gobierno debido a una enfermedad.

Finalmente, Iván V y Pedro se vieron obligados a compartir el trono ruso, un acuerdo que duraría hasta 1696, cuando murió Iván V.

Pedro el Grande

Pedro Alekséyevich nació en 1672, hijo de Alexis I y Natalia Kirillovna Naryshkina. Cuando heredó el trono en 1696 (tras gobernar al lado de su hermanastro), se encontró con que Rusia estaba muy subdesarrollada en comparación con otros países europeos. Rusia estaba en su mayor parte aislada del mundo occidental y había rechazado cualquier intento de conectar con Occidente, lo que significaba que Rusia estaba apartada de movimientos modernos como el Renacimiento y la Reforma. Pedro quería más para Rusia y casi de inmediato instituyó reformas masivas para modernizar el país. Reorganizó el ejército ruso, se implicó en la Iglesia ortodoxa rusa, reorganizó las divisiones territoriales del país y separó las escuelas del control religioso.

Pedro el Grande
Jean-Marc Nattier, Dominio público, vía Wikimedia Commons;
https://commons.wikimedia.org/wiki/File:Jean-Marc_Nattier,_Pierre_Ier_(1717)_-002.jpg

Por desgracia, Pedro se enfrentó a una gran oposición por parte de la nobleza, ya que sus reformas afectaban a todos los aspectos de la vida rusa. Fue capaz de superar la oposición y trajo expertos a Rusia para hacer avanzar la tecnología. Pedro fundó el primer periódico ruso, refinó la nobleza y actualizó el alfabeto. Demostró que era un pensador progresista y trabajó duro para convertir a Rusia en una gran nación.

Pedro fue también un político capaz que nombró un senado, reguló la administración del Estado e hizo grandes avances en política exterior. Consiguió ganar más territorios en Letonia, Finlandia y Estonia e incluso derrotó al ejército sueco en 1709. Durante la batalla con el ejército sueco, Pedro demostró su capacidad militar cuando derrotó a las tropas suecas hasta la ciudad de Poltava durante un invierno especialmente brutal. Pedro consiguió asegurar el acceso al mar Negro tras varias guerras con Turquía. También mandó construir la ciudad de San Petersburgo a orillas del río Nevá, que con el tiempo sería llamada la «ventana a Europa» y la capital de Rusia.

Durante su reinado, visitó Inglaterra para aprender más sobre construcción naval y navegación, lo que lo ayudó a construir la armada rusa. El rey Guillermo III de Inglaterra ayudó a Pedro, ya que esperaba una forma de aumentar el comercio con Rusia. En 1703, Pedro logró su objetivo al establecer una flota en el mar Báltico, lo que permitió a Rusia convertirse en una formidable potencia naval.

Pedro el Grande fomentó el crecimiento industrial, permitiendo el florecimiento de la economía, e introdujo muchas políticas progresistas que llevaron a Rusia a una nueva era y la pusieron al nivel de los avances europeos.

La guerra ruso-persa

La guerra ruso-persa también se conoce como la campaña persa de Pedro el Grande. Pedro quería impedir que el Imperio otomano se apoderara de tierras en las regiones del Cáucaso y el Caspio a medida que el Irán safávida se debilitaba. Durante años, Pedro había estado reformando su ejército e introduciendo nuevas tecnologías en el pueblo ruso. También construyó una armada moderna, algo que Rusia nunca había tenido antes.

Quedó claro que las reformas de Pedro habían tenido éxito desde que consiguió una victoria sobre el Irán safávida. La victoria dio a Rusia el control de las zonas del Cáucaso norte y sur, incluidas las ciudades de Bakú y Derbent. Rusia también recibió las provincias de Gilan, Shirvan,

Astarabad y Mazandaran, tal y como se estipulaba en el Tratado de San Petersburgo.

Rusia siguió controlando los territorios iraníes durante aproximadamente una década. Sin embargo, durante el Tratado de Resht de 1732 y el Tratado de Ganja de 1735, las tierras fueron devueltas a Irán. Aunque las tierras acabaron siendo devueltas a Irán, la guerra ruso-persa fue uno de los últimos logros de Pedro el Grande y probablemente un motivo de gran orgullo para el anciano monarca, ya que participó personalmente en las campañas.

Gracias a las victorias de Pedro el Grande, pudo hacerse con territorios en torno al mar Báltico, poniendo fin al control sueco sobre el Báltico. Las reformas de Pedro el Grande, su política exterior y el éxito de sus guerras convirtieron a Rusia en una de las potencias europeas más formidables.

El legado del zar Pedro el Grande

Pedro el Grande heredó una nación en apuros que estaba completamente atrasada con respecto a sus pares europeos. Trató de modernizar Rusia y convertirla en una de las naciones más grandes del mundo. En su mayor parte, consiguió sus objetivos y se ganó el título de Pedro el Grande. Aunque tuvo muchos logros, su reinado no estuvo exento de problemas. Como muchos de sus predecesores, era conocido por ser un tirano que imponía crueles castigos a quienes le ofendían. Sus diversas reformas conllevaron a menudo un aumento de los impuestos, pero cualquier rebelión o motín era inmediatamente reprimido.

Pedro se casó dos veces y tuvo unos once hijos legítimos. Por desgracia, muchos de sus hijos no sobrevivieron a la infancia. Era un hombre alto y apuesto que se entregaba a tendencias excesivas y podía ser bastante violento. Aunque su reinado estuvo lleno de logros impresionantes, tuvo una vida personal difícil. Su hijo mayor, Alexis, fue declarado culpable de traición. Pedro condenó a su hijo a muerte, pero buscó cualquier información que pudiera exonerarlo, aunque el medio de extraer esa información significara la tortura. Alexis murió tras ser interrogado en 1718.

Pedro el Grande murió en 1725 y fue enterrado en San Petersburgo. Ha sido calificado como el más grande gobernante ruso, y sus esfuerzos ciertamente convirtieron a Rusia en una de las grandes naciones europeas. Sus esfuerzos no siempre fueron bien recibidos, y a menudo tuvo que superar la formidable oposición de su propio pueblo mientras reformaba la mayor parte de la vida rusa. Rusia cambiaría para siempre, y el legado de Pedro el Grande sigue siendo motivo de orgullo para el pueblo ruso.

Capítulo 4: Catalina la Grande y la Rusia del siglo XVIII

Durante el siglo XVIII, Rusia experimentó numerosos cambios importantes. Pedro el Grande construyó la formidable armada rusa y modernizó todo el país. A su muerte, su legado sería continuado por una fuente poco probable: una mujer extranjera. Catalina la Grande saltó a la fama en el siglo XVIII y tuvo un impacto duradero en la Rusia imperial. Comenzó como una joven princesa en una corte extraña que acabó derrocando a su propio marido y se hizo con el control del país.

En aquella época, los exploradores rusos realizaban expediciones a lo desconocido del norte, mientras la Ilustración rusa se extendía con paso firme por el vasto país. El Imperio ruso llevaba años creciendo cada vez más, pero en el siglo XVIII alcanzaría por fin su apogeo cuando administró más de cinco millones de millas cuadradas.

La cuestión de la sucesión

Pedro el Grande fue un excelente monarca que consiguió muchos logros. Desgraciadamente, falló en uno de los aspectos más vitales de sus obligaciones. No nombró heredero antes de su muerte. Su vida familiar fue algo complicada. Pedro el Grande se casó por primera vez en 1689 con Eudoxia Lopujiná, hija de un noble ruso menor. Sin embargo, el matrimonio no fue feliz, y se divorció de Eudoxia en 1698. La pareja tuvo tres hijos, pero solo uno sobrevivió a la infancia: el zarevich de Rusia, Alexis Petróvich. Pedro el Grande se casó entonces con su amante, Marta Helena Skavronska, una campesina polaco-lituana que se convirtió a la ortodoxia rusa y cambió su nombre por el de Catalina. La pareja tuvo varios hijos, pero pocos sobrevivieron a la infancia.

Pedro se sintió muy decepcionado por la joven zarevich, que no compartía su imponente estatura ni su propensión a la guerra. En 1715, Pedro el Grande amenazó con apartar a Alexis de la línea sucesoria. La amenaza funcionó mejor de lo que Pedro esperaba, ya que Alexis se ofreció a renunciar a su derecho al trono. Alexis no compartía muchas de las ideas progresistas de Pedro, y era muy probable que, una vez muerto Pedro, Alexis deshiciera gran parte del trabajo de su padre. Pedro tomó represalias y ordenó a su hijo que se convirtiera en monje o en un digno sucesor. Se temía que Alexis atrajera a su lado a los enemigos de Pedro y se convirtiera en una seria amenaza. Alexis aceptó hacerse monje, pero huyó del país con su amante y se refugió en Austria.

Alexis se vio obligado a regresar a Rusia en 1718, donde fue juzgado por traición. Su padre lo repudió públicamente. Alexis fue encarcelado y brutalmente torturado. Bajo tortura, Alexis admitió haber planeado la muerte de su padre. Pedro supervisó la tortura, pero dudó en ejecutar a su hijo. Alexis murió en prisión. Eudoxia también fue castigada bajo la falsa acusación de adulterio y azotada públicamente. Fue recluida en un monasterio. En 1724, Pedro coronó emperatriz a su segunda esposa, pero para entonces todos sus hijos varones habían muerto.

Lucha por el poder

Cuando Pedro el Grande murió en 1725, su incapacidad para nombrar un heredero se convirtió en algo extremadamente grave, ya que el pueblo ruso se preguntaba en quién confiar el liderazgo. La ley rusa dictaba que el monarca tenía derecho a nombrar a su heredero, lo que significaba que su pariente más próximo no era automáticamente elegible para el trono. A la muerte de Pedro, su esposa, Catalina I, subió al trono, pero se convirtió en una marioneta de los ministros de Pedro. El principal consejero de Pedro, el príncipe Aleksandr Danílovich Ménshikov, tomaba la mayoría de las decisiones pertinentes en el imperio, pero los demás nobles pronto se dieron cuenta de lo que hacía y lo forzaron a compartir el poder con otros.

A la muerte de Catalina I, los nobles nombraron nuevo zar al nieto de Pedro, Pedro II, en 1727. Era muy joven cuando subió al trono; solo tenía unos once años. Pedro II era hijo del zarevich Alexis a través de su matrimonio con una princesa alemana. Los nobles rivalizaban por el poder y Pedro II fue utilizado como peón. Ménshikov pretendía casar al joven zar con su hija María, de dieciséis años. Sin embargo, Ménshikov enfermó y Pedro II se vio rápidamente influido por otros nobles que convencieron al joven zar para que exiliara a Ménshikov. Pedro II accedió, pero murió en 1730.

El trono pasó a la sobrina de Pedro el Grande, Ana. El gobierno de Ana mantuvo las viejas formas de hacer las cosas, deshaciendo algunos de los avances logrados por Pedro I, especialmente en lo referente al trato que recibían los nobles. Intentó poner a su heredero en el trono, pero los nobles que apoyaban a la hija de Pedro I, Isabel, se lo impidieron. Esta subió al trono con mucho gusto y continuó muchas de las reformas de su padre.

Isabel I de Rusia
https://commons.wikimedia.org/wiki/File:Elizabeth_of_Russia_by_anonim_after_Caravaque_(18_c, priv.coll).jpg

Isabel I fue una gobernante capaz que abrió la primera universidad de Rusia y ganó varias batallas notables. Sin embargo, no tuvo hijos. A diferencia de su padre, Isabel se preocupó de nombrar a su heredero. Eligió a su sobrino Pedro para sucederla y concertó su matrimonio con la princesa Sofía de Anhalt-Zerbst. Isabel murió en 1762.

La Gran Expedición al Norte

La Gran Expedición al Norte fue uno de los mayores esfuerzos de exploración de la historia. Fue iniciada por Pedro el Grande, que encargó a Vitus Bering la exploración de la costa asiática del Pacífico. La primera y la segunda expedición permitieron cartografiar la mayor parte de Siberia y algunas partes de Norteamérica, hasta entonces desconocidas. La primera expedición a Kamchatka duró de 1725 a 1731, mientras que la segunda expedición a Kamchatka se prolongó de 1733 a 1743. La segunda expedición a Kamchatka tuvo un éxito increíble y más tarde se denominó la Gran Expedición al Norte.

En un principio, Pedro el Grande quería encontrar una ruta por el mar del Norte desde Europa hasta el Pacífico para la Armada rusa. La expedición fue financiada por el Colegio del Almirantazgo de San Petersburgo y en ella participaron más de tres mil personas. Fue uno de los mayores proyectos de este tipo de la historia.

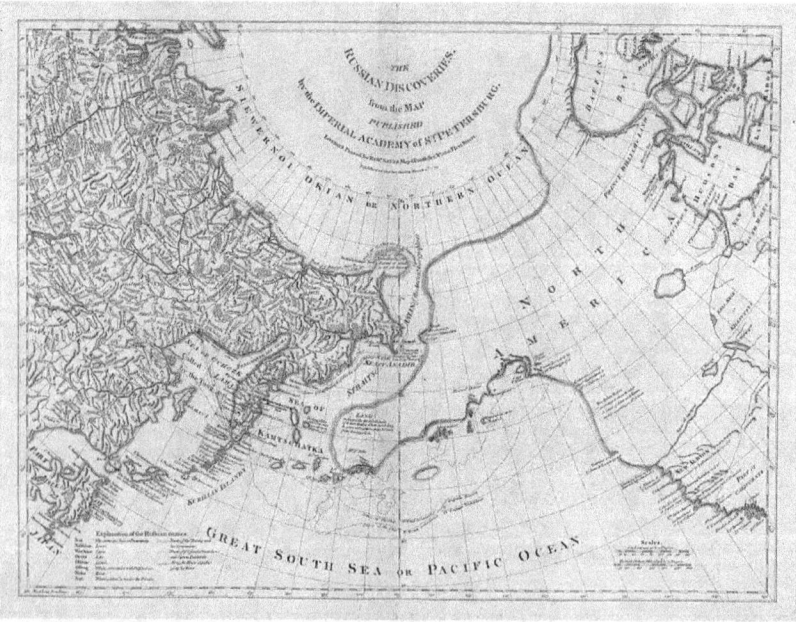

Descubrimientos de Rusia (Mapa publicado por la Academia Imperial de San Petersburgo)
https://commons.wikimedia.org/wiki/File:Jefferys_-_The_Russian_Discoveries.jpg#file

La expedición permitió descubrir Alaska, las islas del Comandante, la isla de Bering y las Aleutianas. También dio lugar a información cartográfica detallada de la costa norte de las islas Kuriles y de Rusia. Durante años se creyó que había otra masa continental en el Pacífico Norte, pero esta expedición ayudó a aclarar ese mito. También dio lugar a una amplia investigación científica sobre Kamchatka y Siberia. Por desgracia, la expedición no logró encontrar el paso del Nordeste.

La Gran Expedición al Norte fue un producto de la Ilustración rusa, y aunque era uno de los sueños de Pedro I, la emperatriz Ana e Isabel I hicieron realidad la expedición.

Pedro III

Pedro nació en el ducado de Holstein-Gottorp, hijo del duque de Holstein-Gottorp, Carlos, y de Ana Petrovna, hija de Pedro el Grande. Desgraciadamente, su madre murió cuando él era aún un bebé, y su padre falleció unos años más tarde, dejando al joven huérfano. Su tía, Isabel I, lo llamó a Rusia en 1742, donde lo proclamó su heredero. Isabel I también concertó su matrimonio con su prima segunda. Sofía se convirtió a la Iglesia ortodoxa rusa y cambió su nombre por el de Catalina. Sin embargo, su matrimonio fue muy infeliz. Los informes indican que Pedro era un joven agresivo que hizo difícil la vida de Catalina. Cabe señalar que la mayor parte de la información sobre Pedro procede de las memorias de Catalina.

Pedro III y Catalina II de Rusia
https://commons.wikimedia.org/wiki/File:Peter_III_and_Catherine_II_of_Russia_(Anna_Rosina_Lisiewska)_-_Nationalmuseum_-_15939.tif

A la muerte de Isabel I, Pedro subió al trono, pero no era popular entre el pueblo ruso, que lo consideraba un gobernante extranjero. Pedro era ruso, pero había nacido en Alemania y apenas hablaba ruso. También apoyaba políticas y pensamientos extranjeros. Pedro fue un gobernante partidario de Prusia que retiró tropas de la guerra de los Siete Años. También planeó ir a la guerra contra Dinamarca, pero fue derrocado antes de poder hacerlo.

Pedro mostró una profunda falta de comprensión de su propio país, ya que apoyó la religión luterana. Aunque pudo ser un intento de introducir la libertad religiosa, sus decisiones se consideraron antiortodoxas, lo que lo distanció de sus súbditos. Pedro y Catalina tuvieron un hijo en común llamado Pablo.

La guerra de los Siete Años

La guerra de los Siete Años ha sido considerada la primera verdadera «guerra mundial», ya que en ella participaron una alianza de Rusia, Francia, Suecia, Austria y Sajonia contra Hannover, Gran Bretaña y Prusia. La guerra tuvo lugar entre 1756 y 1763. Adquirió un componente internacional, ya que Gran Bretaña y Francia lucharon entre sí en la India y Norteamérica.

La guerra se remonta a 1748. La guerra de Sucesión austriaca terminó con el Tratado de Aix-la-Chapelle, que muchos consideraron una medida temporal. Austria perdió la región de Silesia en favor de Prusia, que era una tierra rica. Las tensiones entre ambos países aumentaron y sus aliados empezaron a prepararse para la guerra. Rusia estaba preocupada por la creciente fuerza de Prusia y estaba dispuesta a aliarse con Austria para detenerla.

En 1756, Federico II de Prusia atacó Sajonia, rompiendo su alianza con Austria. Finalmente, los aliados de Austria atacaron Prusia desde todos los flancos. Los prusianos se vieron obligados a retirarse ante la alianza franco-rusa-austríaca. Aunque los prusianos ganaron algunas batallas, necesitaban que algo cambiara. Isabel I era notoriamente antiprusiana, pero su sucesor, Pedro III, no tenía los mismos puntos de vista. Finalmente, Rusia entró en negociaciones y, en 1763, la mayor parte de Europa estaba sintiendo la presión financiera de la guerra. En 1763 se firmó el Tratado de París, que zanjó muchas cuestiones entre Gran Bretaña, Francia y España. La guerra supuso un aumento del prestigio de Prusia y Rusia, mientras que España y Holanda quedaron muy mermadas.

Ascenso de Catalina la Grande

En 1762, Pedro llevaba seis meses gobernando y había subestimado enormemente el odio de su esposa. Durante este tiempo, se fue de vacaciones a Oranienbaum mientras Catalina se quedaba en San Petersburgo. Catalina organizó un regimiento militar para protegerla de Pedro y el clero la ordenó gobernante de Rusia. A continuación, detuvo a Pedro y lo obligó a abdicar. Pedro fue asesinado pocos días después por Alekséi Orlov. Aunque el momento de su muerte es sospechoso, no hay pruebas de que Catalina asesinara a su marido.

Catalina la Grande
https://commons.wikimedia.org/wiki/File:Catherine_II_by_F.Rokotov_after_Roslin_(1780s,_Hermitage).jpg

Pedro había demostrado que no entendía a su propio pueblo, pero Catalina no era como su marido. Catalina aprendió ruso apenas llegó a Rusia e incluso hablaba con acento ruso, mientras que su marido apenas podía hablar el idioma. Durante su matrimonio con Pedro, se había tomado su tiempo para congraciarse con muchas figuras poderosas de la corte. Una vez sentada en el trono, se centró rápidamente en ampliar las fronteras de Rusia y continuó muchas de las reformas de Pedro el Grande. Catalina incorporó a Rusia los territorios de Bielorrusia, Lituania y Crimea. Tras llegar a acuerdos con Prusia y Austria, recibió numerosas tierras en Europa Central.

Catalina instituyó reformas financieras y trabajó duro para mejorar la economía rusa. Se interesó intensamente por la sanidad pública y abrió varios hospitales. Bajo su reinado, el ejército se vio obligado a actualizar sus prácticas médicas. Incluso se hizo vacunar contra la viruela, un procedimiento controvertido en la época. Cuando el procedimiento funcionó, promovió las inoculaciones en todo el imperio. El marido de Catalina había gobernado durante unos seis meses, pero Catalina gobernaría durante más de tres décadas y se ganaría el título de «Catalina la Grande».

Rasgos notables del periodo cateriniano

Uno de los objetivos de Catalina era incorporar la cultura y la economía de Rusia a Europa. Era una ávida lectora de libros filosóficos y disfrutaba especialmente con las obras de Diderot y Voltaire. En su opinión, Rusia necesitaba estar a la altura de Europa. Dio libertad creativa a la prensa, gestionó adecuadamente la economía y abrió espacios donde la gente culta pudiera reunirse. Todos estos factores contribuyeron a la Ilustración y a la vida intelectual rusas.

Catalina fue responsable de una serie de reformas progresistas, como el Estatuto de las Provincias de 1775, que pretendía mejorar el gobierno e instituir más orfanatos, escuelas y hospitales. Estableció normas para los servicios provinciales y municipales, y animó a los nobles a cuidar mejor de sus siervos. En Rusia, los siervos eran personas propiedad de nobles terratenientes. Cedían sus derechos a cambio de protección y apoyo en tiempos difíciles. Trabajaban en las tierras de los nobles y debían pagarles una parte de su grano en concepto de impuestos. Los siervos tenían derechos limitados, pero Catalina les concedió nuevos derechos. Por ejemplo, si un noble no cuidaba de sus siervos, estos podían presentar una queja. Esto les daba un estatus burocrático que antes no tenían. Los siervos también recibieron más educación, ya que algunos nobles decidieron enviar a ciertos siervos a escuelas abiertas por Catalina. Regresaban como empleados calificados a los que los nobles podían emplear.

Catalina estimuló la economía bajando los precios del grano para aumentar las exportaciones y disminuyó la regulación de la manufactura.

Sus reformas propiciaron una edad de oro en la historia rusa, que perduraría tras su muerte en 1796.

La Ilustración rusa

Catalina la Grande se consideraba una de las gobernantes más ilustradas de Europa, y muchos historiadores se inclinan a creer esta afirmación. La Ilustración rusa se inspiró en las ideas de Europa Occidental. La Ilustración rusa se inspiró en las ideas pioneras de Europa Occidental y alcanzó su máximo esplendor bajo el reinado de Pedro el Grande. La Ilustración fue un periodo de cambio cultural que propició avances en campos como la arquitectura, las matemáticas y la moda. Los ideales de la Ilustración se centraban en la innovación, la búsqueda del conocimiento y el progreso. Los dirigentes rusos ostentaban el poder absoluto y lo utilizaban para fomentar u obstaculizar la Ilustración rusa.

San Petersburgo se convirtió rápidamente en la capital de la Ilustración rusa, y el movimiento llegó primero a los nobles. Los hijos de los nobles eran enviados a escuelas de Europa Occidental, donde aprendían matemáticas, ciencias y literatura. La Ilustración también ayudó a modernizar el ejército ruso, ya que las reformas de Pedro el Grande pretendían mejorar en gran medida el ejército de acuerdo con los estándares europeos occidentales. Pedro el Grande estaba tan ansioso por modernizar Rusia que impuso un impuesto sobre la barba a los rusos, obligándolos a afeitarse para parecerse más a los europeos occidentales. La barba había sido tradicionalmente un símbolo de hombría en la cultura rusa, pero eso no importaba a Pedro el Grande en su afán por modernizar el país. Pronto, la corte noble empezó a vestir a la moda europea occidental, especialmente a la francesa.

Catalina la Grande continuó los esfuerzos de Pedro el Grande por modernizar Rusia. Sus esfuerzos condujeron a la edad de oro de Rusia.

El levantamiento campesino de 1773

En 1773, Yemelián Pugachov lideró lo que se convertiría en una de las rebeliones más influyentes de la historia rusa. Aunque Catalina la Grande introdujo reformas que beneficiaron a los siervos, la mayoría no sintió los beneficios. Para asegurarse la cooperación de los nobles, aumentó la autoridad de estos sobre los siervos, lo que provocó un creciente malestar. Entre 1762 y 1769 estallaron más de cincuenta rebeliones. Los disturbios alcanzaron su punto álgido.

Pugachov obtuvo el apoyo de los campesinos y cosacos porque prometió garantizar más derechos a los siervos, incluidas tierras propias.

En el pasado, los siervos podían apelar al monarca si eran maltratados por los nobles, pero Catalina la Grande cortó esta comunicación cuando decretó que los siervos podían presentar quejas formales ante el gobierno. Esto enfureció a muchos siervos. Pugachov |fue capaz de reunir a miles de rebeldes hasta dirigir un ejército de unos 100.000 soldados.

En aquel momento, Rusia estaba inmersa en una guerra contra Turquía. Sin embargo, Catalina la Grande se vio obligada a resolverla rápidamente para disponer de tropas suficientes para poner fin a las rebeliones.

Los cosacos eran conocidos por ser guerreros hábiles y brutales que estaban obligados a ayudar al ejército ruso. Pugachov era un cosaco que acabó desertando del ejército. El gobierno ruso alienó a numerosos cosacos cuando revocó muchos de sus privilegios, lo que provocó que muchos cosacos se unieran a la causa de Pugachov.

Pugachov adoptó el nombre de Pedro III y publicó un manifiesto que otorgaba a los siervos la libertad y el derecho a poseer sus tierras. La rebelión se prolongó durante más de un año y se extendió como la pólvora. Se animó a los rebeldes a matar nobles, y se calcula que cientos de nobles fueron asesinados. El gobierno mató a miles de rebeldes, mientras que otros fueron marcados y enviados a prisiones siberianas.

La rebelión fue finalmente sofocada en 1774, y Pugachov fue ejecutado. Sin embargo, la rebelión de Pugachov inspiró nuevas ideas en las mentes de los siervos, y la Rusia imperial se vio afectada por los ecos de la rebelión hasta su caída en 1917.

El ejército ruso en el siglo XVIII

Durante el siglo XVIII, el ejército ruso vivió una «edad de oro». Gracias a los esfuerzos de Pedro el Grande, el ejército ruso se convirtió en una de las mejores fuerzas del mundo, ya que consiguió derrotar a Polonia, Suecia y el Imperio otomano. El ejército y la armada estaban muy bien organizados, y las reformas progresivas permitieron a los soldados rusos acceder a nuevas tecnologías y tácticas. En aquella época, el Ejército Imperial Ruso era una institución prestigiosa solo superada por la iglesia y la realeza. La mayoría de las clases sociales participaban en el ejército de una forma u otra.

Insignia del Ejército Imperial Ruso
https://commons.wikimedia.org/wiki/File:Badge_of_the_Russian_Imperial_Army.jpg

Pedro el Grande introdujo el servicio militar obligatorio en 1699. Los campesinos eran reclutados en función del número de habitantes y, en el siglo XVIII, el reclutamiento era vitalicio. Al principio, los plebeyos podían ascender en el ejército y recibían títulos. Sin embargo, esta práctica se abolió durante el reinado de Catalina la Grande. Un general notable de este periodo fue Aleksandr Suvórov, que luchó en Crimea y el Cáucaso. También luchó durante la guerra ruso-turca, que duró de 1787 a 1792. Obtuvo muchas victorias para el ejército ruso y fue altamente condecorado.

El ejército imperial ruso era una potencia formidable que serviría en gran medida a Rusia cuando Napoleón decidiera invadirla.

Capítulo 5: De Napoleón a la guerra de Crimea

El siglo XVIII marcó el comienzo de una edad de oro en la historia rusa, con líderes progresistas que introdujeron reformas que modernizaron el ejército y estimularon la economía. Esto supuso para Rusia una buena posición en los años previos a la invasión napoleónica. El siglo XIX trajo más cambios, y los monarcas rusos se esforzaron por estar a la altura del legado de sus predecesores. Fue una época marcada por revueltas e ideas opuestas que acabarían por poner fin a la edad de oro rusa.

Con el tiempo, Rusia se vería envuelta en la guerra de Crimea, un duro enfrentamiento militar que tendría consecuencias desastrosas para el ejército imperial ruso.

La invasión napoleónica de Rusia

En 1799, Napoleón Bonaparte tomó el poder en Francia y se convirtió en una seria amenaza para Europa. Tomó Bélgica, Holanda, partes de Italia, Alemania y Croacia. Parecía que el emperador francés era invencible, ya que su poder creció hasta incluir partes de Polonia, España y Suiza. Nadie parecía capaz de vencer a Napoleón.

En aquella época, los rusos estaban experimentando los efectos negativos del reinado de Napoleón, ya que el comercio se redujo drásticamente. El zar Alejandro I, que gobernaba Rusia en aquella época, decidió contraatacar a Napoleón aplicando un estricto impuesto a los productos franceses y se negó a entregar a una de sus hermanas a Napoleón en matrimonio. Rusia también comerciaba con Gran Bretaña, que era uno de los mayores rivales de Francia.

Napoleón quiso dar una lección a Alejandro I y reunió un ejército masivo para invadir Rusia en junio de 1812. Tenía motivos para estar seguro, ya que su *Grande Armèe* contaba con unos 450.000 hombres, mientras que el ejército ruso rondaba los 200.000. Napoleón esperaba derrotar rápidamente a los rusos y obligar a Alejandro I a negociar.

Los rusos tenían otro plan. La *Grande Armèe* capturó la ciudad de Vilna pocos días después de la invasión inicial y, para su sorpresa, los rusos apenas opusieron resistencia. Mientras Napoleón avanzaba, los rusos retrocedían hacia el interior. Para empeorar las cosas, las carreteras rusas estaban en un estado deplorable, lo que hacía imposible que los carros de suministros llegaran a tiempo al ejército francés. El invierno estaba llegando y miles de soldados y caballos franceses murieron expuestos a la intemperie. En su retirada, los rusos incendiaron los campos y los suministros que podían ayudar a los franceses. Los rusos emplearon una política de tierra quemada, que hizo que los franceses se desesperaran cada vez más. Pronto, los soldados franceses se vieron afectados por enfermedades como el tifus y la disentería, con lo que sus filas se vieron diezmadas.

Finalmente, en septiembre de 1812, los rusos hicieron frente, lo que condujo a la batalla de Borodinó, que provocó importantes pérdidas en ambos bandos. Cuando la *Grande Armèe* entró en Moscú unos días más tarde, se encontró con que los rusos habían incendiado la ciudad histórica. Quedaron grandes cantidades de licor, pero ningún alimento. Napoleón se vio obligado a retirarse poco después debido al invierno. Se había hecho evidente que la *Grande Armèe* no podría mantener su posición.

La *Grande Armèe* estaba presionada por comida y suministros. Los efectivos del enorme ejército se habían reducido a unos 100.000 hombres. El ejército ruso atacó constantemente la retaguardia de la *Grande Armèe*, lo que provocó aún más bajas. A medida que avanzaba el invierno, miles más murieron de frío. Los informes afirman que algunos hombres abrieron animales muertos y se metieron dentro para calentarse, mientras que otros dicen que los soldados apilaron cadáveres sobre ventanas y puertas para mantener el frío fuera.

En diciembre, Napoleón tuvo que regresar a París, ya que le llegaron rumores de un golpe de estado. Los franceses tardaron unos días más en abandonar Rusia por completo. La desastrosa invasión fue el principio del fin para Napoleón.

La derrota de Napoleón

La invasión de Rusia dejó a Napoleón debilitado, y Prusia, Suecia y Austria decidieron ayudar a Gran Bretaña y Rusia a derrotar a Napoleón de una vez por todas. Napoleón reunió rápidamente un nuevo ejército. Aunque era casi tan numeroso como el anterior, los soldados carecían de experiencia en combate. En octubre de 1813, sufrió una derrota masiva en la batalla de Leipzig. Unos meses más tarde, París fue capturada y Napoleón fue exiliado a Elba.

Sin embargo, Napoleón no estaba dispuesto a rendirse. Consiguió escapar de Elba en 1815 y regresó inmediatamente a Francia, donde estableció su gobierno. Las tropas aliadas respondieron rápidamente a su huida, pero Napoleón obtuvo importantes victorias contra los prusianos. Su objetivo era impedir que Europa se uniera. En junio, Napoleón condujo a sus tropas al encuentro de Arthur Wellesley, duque de Wellington, en la localidad bruselense de Waterloo. Napoleón cometió una serie de errores fatales, y el duque de Wellington demostró ser un enemigo formidable. El ejército francés fue derrotado y Napoleón se vio obligado a retirarse. Más tarde abdicó en favor de su hijo y se rindió a los británicos. Napoleón fue exiliado a la remota isla de Santa Elena, donde murió unos años más tarde de cáncer de estómago.

La revuelta decembrista de 1825

El zar Alejandro I murió inesperadamente el 1 de diciembre de 1825, y su guardia real se agrupó rápidamente en torno a su hermano, Constantino Pavlovich. Sin embargo, Constantino había renunciado a sus derechos al trono, por lo que el hermano menor de Alejandro I, Nicolás, decidió tomar el trono para sí.

Mientras tanto, algunos oficiales imperiales decidieron crear en 1816 una sociedad conocida como la Unión de Salvación. En 1825, la sociedad se dividió en facciones del Sur y del Norte. La Sociedad del Norte quería una monarquía constitucional, igualdad ante la ley y la abolición de la servidumbre. La Sociedad del Sur era más radical y quería crear una república que redistribuyera las tierras entre el Estado y los campesinos, así como abolir la monarquía. Muchos oficiales pertenecientes a la Unión de Salvación estaban indignados por las injusticias a las que se enfrentaban los campesinos y rechazaban las tradiciones cortesanas, prefiriendo en su lugar un estilo de vida académico. Abrazaban el «estilo de vida ruso» que experimentaban los campesinos.

La Sociedad del Norte se negó a apoyar al nuevo zar. En su lugar, proclamaron su apoyo a Constantino. El 26 de diciembre de 1825, unos tres mil rebeldes se presentaron en la plaza del Senado. Se enfrentaron a nueve mil soldados leales. Nicolás I decidió enviar a un héroe de guerra, el conde Mijaíl Milorádovich, para negociar con los rebeldes, pero fue fusilado durante su discurso.

Los rebeldes intentaron tomar el palacio de Invierno, pero se vieron obligados a retirarse. Nicolás I ordenó un ataque de caballería contra los rebeldes, pero también se vio obligado a retirarse. Entonces ordenó a sus tropas que abrieran fuego contra los rebeldes, que se retiraron e intentaron reagruparse en las aguas heladas del río Nevá. Las tropas de Nicolás dispararon cañonazos contra el hielo, lo que provocó que muchos rebeldes cayeran a las aguas heladas. Con tantas muertes de rebeldes, la revuelta llegó a su fin, y los rebeldes restantes fueron exiliados a Siberia.

Los decembristas fracasaron en sus intentos, pero crearon una división entre el gobierno y los reformistas, que no haría más que agrandarse y acabaría dando lugar a más movimientos revolucionarios.

Nicolás I

Nicolás I se vio profundamente afectado por el movimiento decembrista, ya que podría haber sido asesinado. Como consecuencia, abandonó muchas de las reformas progresistas iniciadas por sus predecesores y se centró en el nacionalismo ruso, la autocracia y la Iglesia ortodoxa rusa. También le llevó a decidirse a controlar la sociedad rusa y solidificó su creencia de que tenía que ser un autócrata que hiciera lo que fuera necesario para contener al pueblo.

El gobierno empezó a censurar muchos ámbitos de la vida pública, como la educación y las publicaciones. Uno de los ministros de Nicolás I introdujo «la autocracia, la ortodoxia y la nacionalidad» como principios fundamentales del gobierno. La Tercera Sección de su Cancillería Imperial (la policía secreta) se dotó de espías e informadores, que se distribuyeron por todo el país.

Nicolás I de Rusia
Franz Krüger, CC BY-SA 4.0 <https://creativecommons.org/licenses/by-sa/4.0>, vía Wikimedia Commons; https://commons.wikimedia.org/wiki/File:Nicholas_I_of_Russia.jpg

Se hizo hincapié en el poder ilimitado del zar y en las tradiciones de la ortodoxia rusa. Sin embargo, estas políticas condujeron a la represión del pueblo ruso, de los extranjeros y de las religiones no rusas. También se volvió más agresivo con el Imperio otomano. Nicolás I dejó tras de sí el legado de ser uno de los líderes más reaccionarios de la historia europea.

La guerra ruso-persa (1826-1828)

Los rusos y los persas llevaban mucho tiempo disputándose los territorios situados a lo largo del mar Caspio y en la Transcaucasia. Ya habían tenido lugar dos guerras ruso-persas; la primera duró de 1804 a 1813, mientras que la segunda ocurrió entre 1826 y 1828. El sah persa Fath-Ali esperaba reclamar Karabaj, Talesh, Shakki y Shirvan, ya que quería impedir que los rusos se apoderaran de los territorios cuando anexionaran el reino de Georgia (que también había sido reclamado por los persas). Mientras tanto, los rusos querían capturar más territorios, especialmente a lo largo de los ríos Kura y Aras. La primera guerra ruso-persa fue ganada por los rusos, que consiguieron hacerse con gran parte de los territorios que pretendían, incluidos el norte de Azerbaiyán y Daguestán, convirtiendo los territorios locales en estados vasallos.

Poco después de la muerte de Alejandro I, los persas decidieron invadir los territorios rusos mientras el gobierno ruso se ocupaba de la Revuelta Decembrista. Al principio, los persas consiguieron varias victorias mientras el general ruso, Alekséi Yermólov, intentaba desesperadamente conseguir refuerzos desde San Petersburgo. Aunque los rusos fueron sorprendidos, lograron impedir que los persas avanzaran demasiado. En 1827, los rusos capturaron varios territorios persas, entre ellos Ereván y Tabriz. Los persas se vieron obligados a abandonar sus esfuerzos bélicos y firmaron el Tratado de Turkmenchay en 1828, que permitió a los rusos conservar Ereván y los territorios que llegaban hasta el río Aras. Los persas también se vieron obligados a pagar unos veinte millones de rublos a los rusos.

Revolución griega de 1821

Grecia había estado gobernada por los otomanos desde el siglo XV. Durante años, los griegos intentaron derrocar a los otomanos, pero no lo consiguieron hasta 1821. En 1814, se formó una sociedad secreta llamada Sociedad de Amigos debido a las ideas revolucionarias que recorrían Europa. Su objetivo era liberar a Grecia y derrocar finalmente a los turcos. En 1821 estalló una revolución generalizada que los otomanos lucharon por sofocar. Sin embargo, los griegos pronto empezaron a luchar entre ellos y los turcos pidieron ayuda a sus estados vasallos, incluido el eyalato de Egipto (una parte de Egipto controlada por los otomanos). La revolución empezó a fracasar a medida que los turcos ganaban más territorios.

Sin embargo, Gran Bretaña, Francia y Rusia decidieron implicarse. En la batalla de Navarino, en 1827, la flota otomano-egipcia fue destruida. Rusia invadió el Imperio otomano y los turcos se vieron obligados a conceder la libertad a los griegos en el Tratado de Adrianópolis de 1829.

La guerra ruso-turca (1828-1829)

Los turcos no se tomaron a la ligera la implicación rusa en la Revolución griega. En represalia por la batalla de Navarino, el sultán otomano, Mahmud II, cerró los Dardanelos (una vía fluvial de importancia internacional en Turquía) a los barcos rusos, lo que dejó a ambos bandos preparados para la guerra. Al principio, el emperador

Nicolás I comandaba el ejército ruso, mientras que Agha Hussein Pasha dirigía el ejército otomano. Los combates comenzaron en los Balcanes, concretamente en la actual Bulgaria, contra tres importantes bastiones otomanos: Varna, Silistra y Shumen. Los combates fueron intensos. Los rusos tomaron Varna, pero se vieron obligados a retirarse debido al mal equipamiento de sus soldados y a las enfermedades que hacían estragos en sus filas. Los rusos lograron capturar Burgas y Adrianópolis, lo que supuso un duro golpe para el Imperio otomano.

Además de los combates en los Balcanes, también hubo combates en el Cáucaso. El ejército ruso consiguió ganar varios territorios en este frente. Durante la guerra, miles de armenios se vieron obligados a trasladarse a territorio ruso.

Finalmente, el sultán otomano se vio obligado a negociar un tratado de paz, ya que se enfrentaba a una pérdida de territorio tan importante. El 14 de septiembre de 1829 se firmó el Tratado de Adrianópolis. Rusia obtuvo territorios al este del mar Negro y la desembocadura del Danubio. El sultán también concedió a Rusia el control de partes de Armenia, y se le permitió ocupar Valaquia y Moldavia. El tratado obligó al sultán a reconocer la independencia de Grecia.

La guerra ruso-turca supuso importantes ganancias territoriales para el Imperio ruso y ayudó a los griegos a poner fin a una guerra por la libertad que duró casi una década.

El Levantamiento de Noviembre (1830-1831)

El Levantamiento de Noviembre, o la Revolución de los Cadetes, supuso el levantamiento de tropas polacas armadas contra Rusia. En 1795, Polonia ya no era una entidad política autónoma. En 1807, se creó el ducado de Varsovia como resultado de la participación de Polonia en las guerras napoleónicas. Cuando Napoleón fue derrotado, Polonia quedó dividida entre Austria, que recibió territorios en el sur; Rusia, que recibió la hegemonía sobre la Polonia del Congreso; y Prusia, que tomó el control del Gran Ducado de Poznan. La Polonia del Congreso tenía su propia constitución y se suponía que solo estaba sometido indirectamente a Rusia. Sin embargo, la monarquía rusa hizo caso omiso de la constitución con frecuencia.

En 1829, Nicolás I reclamó el título de «rey de Polonia». El gran duque Constantino (el que no quería el trono) era el gobernador de Polonia. Hizo caso omiso de la constitución polaca y abolió varias sociedades patrióticas polacas. Constantino sustituyó a los administradores polacos por rusos y permitió que surgieran graves conflictos en el ejército polaco. Para colmo, los rusos planeaban utilizar el ejército polaco para acabar con la Revolución belga y la Revolución de Julio francesa.

Un grupo de rebeldes polacos se alzó en armas en 1830 y atacó la sede del poder de Constantino en el palacio Belvedere. Consiguieron tomar el arsenal de la ciudad, y el gobierno local polaco fue rápidamente reorganizado. Los polacos esperaban obtener su completa libertad, pero pronto se enfrentaron a una guerra total contra Rusia. Aunque los polacos lucharon duro y encontraron muchas voces simpatizantes, las principales potencias de la época —Gran Bretaña y Francia— no acudieron en su ayuda. En octubre de 1831, el resto del ejército polaco se rindió a Rusia.

Una vez finalizado el levantamiento, las mujeres polacas lucieron joyas negras en señal de luto por la pérdida de su patria.

Eslavófilos contra occidentalistas

Pedro el Grande llevó a cabo varias reformas con la esperanza de sustituir los sistemas tradicionalistas y medievales por los principios de la Ilustración. Algunos de los predecesores de Pedro el Grande, especialmente Catalina la Grande, respaldaron sus reformas e impusieron más cambios en la política, la economía, la educación y la cultura rusas. Se modernizó la maquinaria, se refinó la burocracia y se defendieron los gustos e ideales europeos occidentales. Esto llevó al desarrollo de un grupo llamado los occidentalistas, que creían enfáticamente que Rusia necesitaba adherirse a los valores e ideas de Europa Occidental.

Sin embargo, no todo el mundo estaba contento con la occidentalización de Rusia. La eslavofilia era un movimiento que se oponía a los valores de Europa Occidental. No querían que Rusia abrazara la democracia, el materialismo o el ateísmo; en su lugar, promovían los valores de la Rusia medieval. Algunos admitían que algunos valores occidentales tenían mérito, mientras que otros rechazaban todas las ideas occidentales y promovían el poder absoluto del zar y la iglesia. Los eslavófilos creían estar protegiendo la cultura y las tradiciones rusas. Se glorificaba la vida rural, y los eslavófilos se esforzaban por proteger a las comunidades campesinas frente a la creciente clase obrera. Muchos eslavófilos adoptaron la estética tradicional rusa y rechazaron las reformas de Pedro el Grande. Los eslavófilos también respaldaron una postura militante de intolerancia religiosa.

Mientras que el siglo XVIII vio el auge de la Ilustración rusa, el siglo XIX fue testigo del rechazo de muchos de esos ideales, especialmente bajo el reinado de Nicolás I, cuyo gobierno defendía muchos ideales eslavófilos.

La guerra de Crimea (1853-1856)

En la década de 1850, el Imperio otomano estaba en franca decadencia y Nicolás I vio la oportunidad de ampliar las fronteras rusas. Sin embargo, a Gran Bretaña y Francia les preocupaba que la toma del poder por parte de Rusia afectara negativamente a sus rutas comerciales y estaban decididas a impedir que Nicolás I se hiciera con el poder. La guerra de Crimea tuvo lugar en la península de Crimea y fue el conflicto que hizo famosa a Florence Nightingale, la fundadora de la enfermería moderna. Fue una guerra brutal que causó la muerte de unas 650.000 personas.

El ataque al Malakoff (la principal fortificación rusa antes de Sebastopol durante la guerra de Crimea)
https://commons.wikimedia.org/wiki/File:William_Simpson_-_Attack_on_the_Malakoff.jpg

Aumentaron las tensiones entre los fieles ortodoxos y los católicos que querían acceder a los lugares santos dominados por los turcos. Después de que varios monjes ortodoxos fueran asesinados en Belén, Nicolás I exigió que se permitiera a los fieles ortodoxos acceder libremente a los lugares religiosos y que se lo nombrara protector de los fieles ortodoxos en el Imperio otomano. Los turcos se negaron y Nicolás invadió los principados turcos de Valaquia y Moldavia. Los turcos declararon la guerra a Rusia en 1853.

Los rusos masacraron a miles de soldados y marineros otomanos. La brutalidad de la guerra enardeció a Europa para luchar contra Rusia. Gran Bretaña y Francia se unieron a Turquía y enviaron sus ejércitos y armadas para proteger la nación de Oriente Próximo, especialmente Estambul. Los británicos y franceses esperaban un enfrentamiento breve, pero pronto se vieron envueltos en una guerra sangrienta que no cesaba.

Ambos bandos sufrieron numerosas bajas y el Ejército Imperial Ruso se vio asediado por todas partes. Cuando Austria amenazó con unirse a la lucha contra Rusia, los rusos se vieron obligados a poner fin a la guerra y firmaron el Tratado de París en marzo de 1856. Los rusos tuvieron que renunciar a los territorios de los que se habían apoderado y su ejército nunca volvió a ser el mismo. Las tensiones entre turcos y rusos continuaron durante años. Incluso se encontraron en bandos opuestos en la Primera Guerra Mundial.

Capítulo 6: Las reformas del zar Alejandro II y el retroceso de la autocracia del zar Alejandro III

La guerra de Crimea fue un conflicto brutal que causó la muerte de miles de soldados rusos. Disminuyó gravemente el ejército ruso, que había sido una fuerza formidable durante décadas. Cuando el zar Alejandro II subió al trono, instituyó una serie de reformas radicales que podrían haber cambiado Rusia para siempre. Sin embargo, sus reformas enfurecieron a los poderosos y fue asesinado en las calles de San Petersburgo.

Su sucesor, Alejandro III, no tenía los mismos objetivos de reforma que su padre, por lo que las reformas de Alejandro II fueron rápidamente revocadas. Alejandro III se enfrentó a muchos retos mientras establecía firmemente su gobierno autocrático, pero se jactó de algunos logros notables, como la construcción del ferrocarril Transiberiano.

El zar Alejandro II

Alejandro II nació en 1818 y era el hijo mayor del zar Nicolás I y Carlota de Prusia. Durante sus primeros años, San Petersburgo distaba mucho de ser el centro intelectual que había sido antaño. Cualquier innovación intelectual o libertad de pensamiento estaba fuertemente reprimida, y hablar en contra del gobierno era una ofensa grave. A diferencia de su padre, Alejandro II no estaba interesado en la guerra y compartía muchas de las nociones de su maestro, el poeta liberal Vasili Zhukovsky. Se lo consideraba un joven amable y gentil.

Alejandro II de Rusia
Nikolay Lavrov, Dominio público, vía Wikimedia Commons;
https://commons.wikimedia.org/wiki/File:Alexander_II_of_Russia_by_N.Lavrov_(1868,_Museum_of_Artillery).jpg

El padre de Alejandro II murió en 1855 y él subió al trono. Durante los primeros meses de su reinado, se ocupó de resolver la guerra de Crimea, que se había convertido en un costoso y humillante derroche de recursos para Rusia. En cuanto concluyó la guerra, comenzó a promulgar una serie de reformas. Muchas de las clases educadas apoyaron las reformas de Alejandro II, ya que estaban ansiosas por desarrollar los recursos naturales de Rusia y reorganizar la administración del gobierno.

Alejandro II demostró ser un hombre astuto y prudente que utilizó su autocracia para introducir reformas prácticas y progresistas. Sin embargo, no todo el mundo estaba contento con sus reformas y fue objeto de varios intentos de asesinato.

Algunas de sus reformas incluyeron la reorganización de la armada y el ejército. Siguió el modelo francés para crear un nuevo sistema de administración judicial y un código penal. Alejandro II simplificó los procesos penales y civiles, encontró la forma de que los distritos rurales se autogobernaran con asambleas electivas y abolió la pena capital.

Emancipación de los siervos en 1861

Alejandro II introdujo algunos cambios en la legislación que permitieron nuevas libertades en la industria y el comercio. Como resultado, se crearon varias empresas. También quiso construir una vasta red de ferrocarriles para que los intelectuales pudieran explotar más fácilmente los recursos naturales de Rusia y aumentar la capacidad del ejército para proteger el país. Sin embargo, cuantas más reformas desarrollaba, más se daba cuenta de que la servidumbre era un grave problema. Alejandro II creó una serie de comités dedicados a mejorar la situación de los siervos. Los comités de emancipación debían seguir los principios establecidos por el monarca.

La cuestión de resolver los problemas que planteaba la servidumbre afectaba a toda la vida rusa, desde la economía hasta la política. A Alejandro se le planteó el problema de si los siervos debían ser o no jornaleros que dependieran económicamente de sus terratenientes o si debía permitirse que se convirtieran en una clase de terratenientes. Alejandro II quería que los siervos pudieran poseer sus propias tierras, y el 3 de marzo de 1861, los siervos fueron emancipados.

Venta del territorio de Alaska a EE. UU.

Durante años, Rusia había intentado vender su territorio en Alaska. La zona era remota y extremadamente difícil de defender. Vender el territorio tenía más sentido que perderlo a manos de los enemigos rusos. El secretario de Estado del presidente estadounidense Andrew Johnson, William Seward, se puso al frente de las conversaciones con Rusia.

Las negociaciones para la venta comenzaron en marzo de 1867, y aunque Seward estaba entusiasmado con el proyecto, la población estadounidense no estaba de acuerdo con sus sentimientos. La mayoría creía que la tierra era estéril e inútil. El proyecto recibió los nombres de «jardín del oso polar de Andrew Johnson» y «locura de Seward». Gran parte de la animosidad pudo deberse al impopular mandato de Johnson como presidente.

A pesar de la impopularidad del proyecto, se vendieron unas 586.412 millas cuadradas de territorio de Alaska por 7,2 millones de dólares, lo que equivalía a algo menos de 2 centavos por acre.

Guerra ruso-turca de 1877-1878

Aunque la guerra de Crimea había terminado y Rusia había devuelto el territorio que había tomado durante la guerra, aún persistía la animosidad entre Rusia y el Imperio otomano. En 1877, esas tensiones se convirtieron en una guerra total cuando rusos y turcos discreparon sobre los derechos de los eslavos ortodoxos que vivían en los Balcanes. El Tratado de París establecía que los cristianos balcánicos debían ser protegidos por las potencias europeas. Cuando los campesinos se rebelaron en Bulgaria en 1876, los turcos sofocaron brutalmente las revueltas.

Esto dio lugar a iniciativas antiturcas en Serbia. En 1876, varias potencias europeas se reunieron en Constantinopla para llegar a un compromiso, que los turcos rechazaron en 1877. Para proteger a los eslavos de los Balcanes, Rusia representó a las potencias europeas y se preparó para la guerra. Los rusos lanzaron una ofensiva en los Balcanes y en la región del Cáucaso. Al final tuvieron éxito y la guerra concluyó con el Tratado de San Stefano en 1878.

Los rusos negociaron la independencia de Serbia, Rumania y Montenegro, al tiempo que recibían para sí una gran parte del territorio turco. Rusia también presionó para conseguir la autonomía de Bulgaria, que sería gobernada con influencia rusa. Sin embargo, Gran Bretaña y Austria-Hungría obligaron a Rusia a revisar el Tratado de San Stefano en el Congreso de Berlín unos meses más tarde. Las revisiones enfurecieron a muchas partes y provocaron tensiones que estallarían en el futuro.

Aunque el Congreso de Berlín permitió que Rusia obtuviera muchos beneficios, se consideró una derrota. Muchos rusos consideraban que Alemania no había apoyado a Rusia en el Congreso de Berlín. Austria-Hungría también era vista con creciente recelo, que había comenzado durante la guerra de Crimea.

El asesinato de Alejandro II

Alejandro II sufrió numerosos intentos de asesinato. Era un líder progresista, pero conservaba su autocracia y era conocido por oponerse a los partidos políticos que se le oponían, lo que le granjeó muchos enemigos. En 1866, Dmitry Karakozov intentó matar al zar. Después de que Alejandro II escapara de la muerte, construyó una serie de iglesias para conmemorar su huida. En 1879, un antiguo estudiante llamado Alexander Soloviev intentó disparar al zar en la plaza del Estado Mayor de la Guardia. El zar vio el revólver que portaba Soloviev y huyó.

Ese mismo año, un grupo radical de revolucionarios formó la Naródnaya Volia, o Voluntad Popular. El grupo pretendía crear una revolución social y estaba dispuesto a utilizar el terrorismo para lograr su objetivo. En 1880, unos rebeldes colocaron una bomba bajo el comedor del palacio de Invierno. Alejandro II llegó tarde a cenar y por poco no se produjo la explosión, pero otras sesenta y siete personas murieron o resultaron heridas.

En 1881, Alejandro II firmó la Constitución Loris-Melikov, que pretendía crear comisiones legislativas formadas por cargos electos. El día en que firmó la proclamación, su carruaje viajaba por las calles de San Petersburgo cuando estalló una bomba que hirió a los civiles de los alrededores. Los informes indican que Alejandro sobrevivió a la explosión inicial, pero fue recibido por un terrorista suicida que lo alcanzó con una granada. El zar Alejandro II murió de sus heridas unas horas más tarde. Todos los asesinos fueron ejecutados. El sucesor de Alejandro II, Alejandro III, rechazó la Constitución de Loris-Melikov.

Alejandro III

Alejandro III nació en 1845 y era hijo de Alejandro II y María de Hesse. A diferencia de su padre, no albergaba sentimientos liberales y se lo consideraba poco refinado y físicamente poderoso. Era el segundo hijo de su padre y tenía pocas esperanzas de heredar el trono, ya que su hermano mayor, Nicolás, gozaba de buena salud. Nicolás recibió la educación de un príncipe, mientras que Alejandro recibió la de un gran duque, que no iba mucho más allá de la instrucción secundaria. Cuando Nicolás murió repentinamente en 1865, Alejandro pasó a primer plano y tuvo que estudiar los principios del derecho y la administración. Se cree que el profesor de Alejandro, Konstantín Pobedonóstsev, inspiró en Alejandro la creencia de que la ortodoxia rusa era la piedra angular del patriotismo ruso. Alejandro se casó con la princesa Dagmar de Dinamarca, que había estado prometida a su hermano Nicolás. Su matrimonio fue feliz.

Alejandro III de Rusia
Fotógrafo desconocido, CC BY-SA 4.0 <https://creativecommons.org/licenses/by-sa/4.0>, vía Wikimedia Commons; https://commons.wikimedia.org/wiki/File:Tsar_Alexander_III_of_Russia_2.jpg

Durante los últimos años del reinado de Alejandro II, se hizo evidente la división entre el monarca y su heredero. Alejandro II a veces ridiculizaba abiertamente a los eslavófilos, mientras que su hijo se volvía cada día más eslavófilo. Otra diferencia notable entre ambos era que Alejandro II tenía tendencias proalemanas, mientras que el zarevich mostraba simpatías profrancesas.

Cuando Alejandro II fue asesinado en 1881, Alejandro III pudo finalmente promulgar sus ideas. Durante su mandato como zarevich, descubrió la corrupción rampante en el gobierno y quiso reformar el ejército. Alejandro III también desaprobaba muchas de las reformas progresistas de su padre, pues creía que estas habían provocado los problemas a los que se enfrentaba Rusia. En consecuencia, revirtió gran parte de la labor de su padre en cuanto se convirtió en rey.

La hambruna de 1891/92

En 1891, un otoño seco impidió a los campesinos rusos sembrar sus campos a tiempo. El retraso resultaría desastroso. El invierno siguiente fue inusualmente frío, pero casi no cayó nieve. Se suponía que la nieve congelaría el río Volga y protegería las plántulas de las heladas. Por desgracia, el río Volga se desbordó y las heladas mataron el resto de las plántulas. La inundación también destruyó el forraje que debía alimentar a los caballos. La primavera siguiente fue muy ventosa, llevándose la tierra vegetal y los plantones que quedaban. Luego, el verano empezó pronto y resultó ser largo y seco. Como consecuencia, los caballos, los campesinos y los cultivos empezaron a morir. Para empeorar las cosas, se produjeron varios brotes generalizados de cólera.

El gobierno achacó la hambruna a una mala cosecha e impidió que los periódicos informaran de lo que estaba ocurriendo. Había grano más que suficiente para alimentar a los campesinos moribundos, pero los ferrocarriles no eran capaces de distribuir el grano con la suficiente rapidez. El gobierno también retrasó el cierre de las exportaciones de grano, y cuando finalmente lo hizo, los comerciantes tuvieron un mes de aviso, lo que hizo que exportaran rápidamente lo que tenían. El ministro de Finanzas, Ivan Vyshnegradsky, cargó con gran parte de la culpa, ya que había subido los impuestos para que los campesinos vendieran más grano.

A finales de 1891, el gobierno instó a los ciudadanos a formar organizaciones contra la hambruna. Uno de los voluntarios que formó un comité fue el famoso escritor León Tolstoi, que culpó públicamente a la Iglesia ortodoxa rusa y al zar de haber gestionado mal la situación. Fue excomulgado por sus críticas, y la iglesia prohibió que la gente aceptara sus esfuerzos de ayuda.

Varios miembros de la realeza, incluidos el zar y la zarina, recaudaron algunos millones de rublos para los campesinos hambrientos. Los gobiernos locales recibieron unos 150 millones de rublos, pero solo se les permitió prestar a los campesinos que pudieran devolverlos. Muchos campesinos hambrientos se vieron obligados a comer harina cruda y «pan de hambruna», que estaba hecho de musgo, corteza y cáscaras. En 1892, el gobierno compró unos treinta mil caballos para arar los campos. El gobierno estadounidense recaudó unos 75 millones de dólares (unos 2.000 millones de dólares en moneda moderna) para ayudar a los rusos; el dinero se entregó principalmente en forma de préstamos.

La hambruna comenzó a lo largo del río Volga y se extendió hasta el mar Negro y los Urales. Cuando la hambruna llegó a su fin, casi medio millón de personas habían muerto. Esto provocó una ira duradera contra el gobierno zarista.

Leyes de mayo

Las Leyes de Mayo fueron un programa de leyes temporales promulgadas por Alejandro III en mayo de 1882 relativas a los judíos de Rusia. Cuando Alejandro II fue asesinado, se culpó a la población judía rusa. El resultado fue un aumento de los sentimientos antijudíos, lo que provocó una serie de disturbios extremadamente violentos. Para empeorar las cosas, el gobierno declaró que el problema había surgido a causa de las reformas de Alejandro II, que eran mucho más progresistas que las propias opiniones de Alejandro III.

Para encontrar una solución a la violencia, representantes judíos se reunieron con funcionarios del gobierno en 1882. Una de las soluciones propuestas fue un éxodo masivo del pueblo judío de Rusia a Asia Central. Esto se consideró una medida extrema, por lo que se negociaron una serie de «leyes temporales». El problema era que la clase campesina rural veía a los comerciantes judíos como rivales y afirmaba que los judíos perturbaban el comercio en las zonas rurales. En consecuencia, las Leyes de Mayo prohibían a la población judía establecerse fuera de las ciudades. Se revocaron las propiedades inmobiliarias vendidas a judíos fuera de las ciudades y se prohibió a los judíos comerciar en determinados días. Se encargó a la policía que velara por el cumplimiento de las Leyes de Mayo, lo que provocó el acoso continuado de los judíos. Las leyes fueron finalmente derogadas en 1917.

Alianza franco-rusa de 1891-1894

En 1875, Francia se enfrentó a la perspectiva de una guerra contra Alemania. Finalmente, Rusia y Gran Bretaña consiguieron obligar a Alemania a renunciar a iniciar una guerra. Mientras Francia y Alemania sufrían tensiones, Francia entabló relaciones amistosas con Rusia. A finales de la década de 1880, Rusia había recibido varios préstamos importantes de Francia. En 1892, rusos y franceses firmaron una convención militar que estipulaba que ambos países se apoyarían mutuamente en caso de ataque alemán. Para entonces, Alemania se había convertido en una potencia formidable que buscaba preservar y aumentar su territorio. En 1882, Alemania formó la Triple Alianza con Austria-Hungría e Italia.

Con el paso de los años, las relaciones ruso-alemanas empezaron a deteriorarse, lo que no hizo sino estrechar las relaciones entre Rusia y Francia. En 1894, se formalizó la alianza militar ruso-francesa.

La alianza franco-rusa fue mutuamente beneficiosa, ya que Francia pudo aumentar sus poderes coloniales con la ayuda de Rusia, mientras que Francia ayudó a Rusia a expandirse hacia Manchuria. Aunque Rusia fue la potencia dominante en la alianza al principio, el gobierno zarista pidió varios préstamos importantes a Francia, lo que significó que Rusia pasó a depender financieramente de Francia.

Esta alianza tendría graves consecuencias durante la Primera Guerra Mundial, y la dependencia financiera de Rusia provocaría que la alianza se volviera impopular en el futuro.

La construcción del ferrocarril transiberiano

Durante años, el ferrocarril ruso quedó en un estado deplorable y acabó siendo ineficaz, lo que se demostró claramente durante la devastadora hambruna de 1891. Sin embargo, Alejandro III encontró la manera de solucionarlo. Nombró personalmente a los ministros encargados de supervisar la construcción de un enorme sistema ferroviario. Hoy en día, el ferrocarril conecta Rusia occidental con Rusia oriental. Sigue siendo la línea ferroviaria más larga del mundo, con unos 8.000 kilómetros de longitud. Comienza en Moscú y termina en la ciudad de Vladivostok, situada junto al mar de Japón.

Comenzó a construirse en 1891 y se terminó en 1916. Mientras se construía el ferrocarril, los aventureros venían a ver los progresos. Escribían con entusiasmo sobre las vistas y aventuras que encontraban, lo que no hacía sino aumentar el entusiasmo en torno al proyecto.

Construcción del ferrocarril transiberiano
https://commons.wikimedia.org/wiki/File:Construction_of_the_Transsiberian_Railway.jpg

El ferrocarril facilitó el transporte de grano de Siberia a Moscú y fue utilizado por los militares durante la guerra ruso-japonesa. También permitió a los campesinos emigrar de Rusia y Ucrania a Siberia. Sin embargo, el ferrocarril fue muy criticado, ya que se alegó que burócratas codiciosos exageraron los costos de construcción para ganar más dinero. Al parecer, el proyecto se planificó mal y no se supervisó adecuadamente. También era un sistema algo frágil, ya que no pudo soportar el tráfico pesado cuando fue necesario durante la guerra ruso-japonesa.

Muerte y legado de Alejandro III

Alejandro III murió en 1894 de nefritis, una enfermedad renal terminal. Le sucedió su hijo Nicolás II. Dejó tras de sí un legado contradictorio, ya que muchos lo recuerdan hoy como un duro autócrata que reforzó su gobierno a costa del pueblo. Gran parte de su obra quedó inconclusa, y su hijo no estaba preparado para asumir un papel tan importante en la política rusa.

Aunque son muchos los que pintan a Alejandro III de forma poco favorecedora, consiguió mantener relaciones pacíficas con la mayoría de sus vecinos y estabilizar la economía. También era conocido por ser un marido cariñoso y un padre devoto. Por desgracia, su falta de voluntad para adaptarse a los tiempos puede haber sido su mayor debilidad. Muchos afirman que su hijo no había recibido la formación y los conocimientos necesarios para gobernar Rusia.

Alejandro III se aferró a la vieja forma de hacer las cosas, especialmente a la monarquía autocrática, en un momento en que el mundo estaba siendo influenciado por pensamientos modernos y radicales. La autocracia rusa floreció, mientras la inmensa mayoría de su pueblo carecía de educación y necesitaba la protección de una monarquía fuerte. El mundo cambiaba con rapidez y la monarquía rusa no estaba dispuesta a transigir ni a evolucionar, lo que acabó provocando su violenta caída.

TERCERA PARTE:
La Primera Guerra Mundial y la Revolución rusa (1914-1922)

Capítulo 7: El zar Nicolás II y la Revolución de Febrero

Durante décadas, los Románov gobernaron bajo una autocracia. Algunos de los monarcas rusos fueron líderes excepcionales que llevaron la Ilustración a Rusia, convirtiéndola en un gran país que rivalizaba con algunas de las naciones más avanzadas de Europa. Sin embargo, su autocracia total se imponía a veces con brutalidad, lo que les granjeó el recelo y a veces el odio de sus súbditos.

Nuevas ideas radicales invadieron Europa, poniendo de manifiesto los fracasos de la dinastía gobernante rusa. Con el tiempo, esas ideas revolucionarias se harían realidad y provocarían la caída de la familia real rusa. En una asombrosa sucesión de acontecimientos, Rusia y el mundo se tambalearon cuando un nuevo gobierno tomó el poder y la familia más prominente de Rusia se enfrentó a un pelotón de fusilamiento.

Nicolás II

Nicolás II era el hijo mayor de Alejandro III y nació en 1868. Uno de los mayores fracasos de Alejandro III fue no preparar adecuadamente a su heredero para el trono. Cuando Nicolás II subió al trono en 1894, no tenía suficiente experiencia de gobierno para asumir la tarea que se le había encomendado. Alejandro III creía que viviría una larga vida y era reacio a que su hijo asumiera demasiadas responsabilidades en el gobierno. Se sugirió que Nicolás II se incorporara al menos al Comité del Ferrocarril de Siberia, pero Alejandro III se negó, pues creía que su hijo no estaba preparado para tales tareas.

Unos meses antes de su coronación, Nicolás se comprometió con la princesa Alix de Hesse-Darmstadt, que se convirtió a la ortodoxia rusa y adoptó el nombre de Alexandra Fiódorovna. Nicolás y Alexandra se casaron poco después de la muerte de Alejandro III, y Alexandra dio a Nicolás la confianza que necesitaba para gobernar. Fueron una pareja feliz y tuvieron cuatro hijos: Las grandes duquesas Olga, Tatiana, María y Anastasia, y el zarevich Alekséi, aquejado de hemofilia.

Nicolás II
https://commons.wikimedia.org/wiki/File:Nicholas_II_of_Russia_painted_by_Earnest_Lipgart.jpg

Al parecer, Nicolás desconfiaba profundamente de sus asesores más cercanos, pero era incapaz de gobernar sin ellos. Aunque carecía en gran medida de las habilidades necesarias para gobernar Rusia, mantuvo muchas de las políticas de su padre y se ocupó de la administración del gobierno. Aunque le fascinaba la idea de una monarquía constitucional como la que se practicaba en Gran Bretaña, no intentó cambiar demasiado el gobierno ruso.

Poco después de heredar el trono, una delegación de campesinos se dirigió a él con propuestas de reforma, incluida la sugerencia de que instituyera una monarquía constitucional. Las reformas habrían mejorado la vida de sus súbditos, especialmente de los campesinos, pero Nicolás rechazó airadamente sus sugerencias y afirmó que mantendría su poder absoluto. Era una actitud que compartía con muchos de sus predecesores, pero que conduciría a su caída.

Nicolás II fue coronado el 26 de mayo de 1896, y al día siguiente se celebró un gran festival en Jodynka, en Moscú, ya que era lo suficientemente grande como para albergar a la mayoría de los moscovitas. El festival ofrecía comida, cerveza gratis y recuerdos. Sin embargo, rápidamente se extendió el rumor de que no habría comida suficiente para todos, lo que provocó una estampida. Esto provocó la muerte de más de mil personas y se conoció como la tragedia de Jodynka. La tragedia se consideró un mal presagio, sobre todo porque ocurrió después de la coronación de Nicolás II, a quien le resultaba difícil ganar popularidad entre sus súbditos.

La gala del embajador francés estaba prevista para esa noche, pero Nicolás II quiso abstenerse de asistir para poder rezar por los fallecidos en la fiesta. Finalmente, se lo convenció para que asistiera, ya que su familia creía que se arriesgaba a insultar a los franceses si no acudía. Como resultado, fue visto como un monarca insensible e indiferente, lo que solo exacerbó su impopularidad.

Guerra ruso-japonesa (1904-1905)

A principios del siglo XX, Rusia era una influyente potencia mundial con enormes territorios en Europa y Asia, mientras que Japón era una poderosa fuerza en Asia. Durante esta época, los países europeos se esforzaban por ganar más territorios coloniales. Nicolás II se vio afectado por esta actitud y no quiso que Rusia quedara al margen. Quería ampliar las fronteras rusas para incluir las penínsulas de Liaodong y Corea, ya que estas regiones proporcionarían a Rusia un puerto de aguas cálidas muy necesario. Los japoneses querían limitar la influencia rusa en esas zonas y, en su lugar, ofrecieron a Rusia el control de Manchuria (situada en China). El trato permitiría a Japón mantener su influencia sobre Corea. Rusia se negó y los japoneses decidieron entrar en guerra. La guerra ruso-japonesa atrajo la atención internacional y preparó el terreno para la Primera Guerra Mundial.

La guerra fue increíblemente brutal, y los rusos fueron acusados de saquear y quemar varios pueblos, así como de violar y matar a cientos de mujeres. Más de 150.000 personas murieron en ambos bandos, y 20.000 civiles chinos también perdieron la vida. Finalmente, la guerra terminó en 1905 con el Tratado de Portsmouth, supervisado por el presidente estadounidense Theodore Roosevelt, que más tarde ganó el Premio Nobel de la Paz por sus esfuerzos. El ejército ruso sufrió muchas pérdidas vergonzosas durante la guerra, y la opinión pública culpó a Nicolás II de las deficiencias del ejército. La guerra terminó con una aplastante derrota para los rusos y tuvo graves consecuencias para la monarquía rusa.

Revolución de 1905

Durante 1905, el descontento social y político se extendió por todo el Imperio ruso. A medida que aumentaba la oposición, la autocracia se enfrentaba a retos cada vez mayores que no podía superar sin ceder a algunas de las demandas de los manifestantes. Tras un año de motines, disturbios y huelgas casi constantes, Nicolás II se vio obligado a instituir una serie de reformas para mantenerse en el poder. Desgraciadamente, la Revolución de 1905 no sería el fin de las peticiones de reforma.

Varios problemas de la sociedad rusa provocaron la revolución. Aunque los campesinos se habían emancipado por fin, sus libertades seguían estando muy restringidas. Ganaban muy poco dinero y no se les permitía vender sus tierras. El nacionalismo ruso obligaba a muchas minorías a ocupar puestos inferiores en el imperio y no se les permitía votar ni alistarse en el ejército. También tenían un acceso limitado a las escuelas. Mientras tanto, la clase trabajadora culpaba al gobierno de no protegerlos, ya que no se les permitía formar sindicatos ni ir a la huelga. La disciplina se hizo menos restrictiva en las universidades rusas, y los estudiantes se vieron expuestos a nuevas ideas radicales procedentes de Europa. Aunque estos problemas habían asolado Rusia periódicamente a lo largo de la historia, finalmente se unieron para formar un problema mucho mayor que se convirtió en el combustible de una revolución sostenida.

Domingo Sangriento

El gobierno autocrático de Nicolás II perdió rápidamente popularidad y apoyo debido a la impopular guerra con Japón y a la creciente corrupción dentro del gobierno. Aunque los partidos políticos y sociales pedían un cambio, eran continuamente rechazados, lo que los llevó a adoptar tácticas diferentes.

El 22 de enero de 1905, un sacerdote ortodoxo llamado Gueorgui Gapón encabezó una marcha obrera con el objetivo de entregar sus peticiones directamente al zar. Al parecer, se advirtió a los obreros que no avanzaran más allá de cierto punto que estaba vigilado por tropas. Cuando la gente no hizo caso, las tropas abrieron fuego, lo que provocó la muerte de muchos de los manifestantes. La marcha se convirtió en una masacre que se conocería como el Domingo Sangriento.

La masacre sería el inicio de una serie de huelgas, disturbios y levantamientos que formaron la Revolución de 1905. El gobierno afirmó que murieron 96 personas y 333 resultaron heridas, pero es probable que esas cifras estuvieran sesgadas. Algunas cifras llegan hasta los quince mil muertos. La lealtad que la población aún tenía hacia el gobierno autocrático se esfumó rápidamente durante la revolución.

La Duma

Para poner fin a la revolución, Nicolás II acordó instituir una asamblea legislativa nacional elegida: la duma. La duma era un órgano representativo electo formado por campesinos, trabajadores y profesionales que debían ayudar a tomar decisiones en nombre de toda Rusia.

A pesar de sus promesas, Nicolás II no estaba contento con la Duma y quería asegurarse de que podría conservar todo su poder. Como resultado, la Duma se constituyó en dos cámaras: una que estaría formada por funcionarios elegidos, mientras que la otra estaría formada por funcionarios elegidos por el zar. Nicolás II conservó su autocracia absoluta y otorgó a su parte de la Duma el derecho a vetar cualquier decisión tomada por la parte elegida. Al principio, muchos esperaban que la Duma permitiera a Rusia convertirse en una democracia, pero Nicolás II paralizó la institución antes incluso de que empezara. El pueblo reconoció que era un gesto sin sentido. La Duma sufrió múltiples cambios y, hasta 1917, había habido cuatro versiones diferentes de la institución.

La primera Duma estaba formada principalmente por funcionarios enfadados con el zar. Sin embargo, quedó claro que no se les consultaría sobre ningún asunto importante, y la primera Duma fue clausurada tras solo dos meses.

La segunda Duma duró unos meses en 1907, pero fue disuelta al oponerse a una serie de reformas propuestas por uno de los ministros de Nicolás II. La tercera Duma estaba formada por funcionarios más afines con el zar, pero la cuarta Duma, creada en 1912, se mostró crítica con el zar y su gobierno. La cuarta Duma obligó al zar a abdicar en 1917 y se convirtió en el Gobierno provisional ruso.

Rusia y la I Guerra Mundial

La Primera Guerra Mundial cambió el mundo y debilitó varios imperios. El Imperio ruso no sobreviviría al conflicto. No fue conquistado por una potencia enemiga, sino que se desmoronó desde dentro. En 1914, el zar Nicolás II declaró confiadamente la guerra a Austria-Hungría y Alemania. En aquella época, el Imperio ruso dominaba una gran porción de territorio que se extendía desde Europa Central hasta el Pacífico, pasando por los confines del Ártico y Afganistán. Sin embargo, Rusia estaba muy por detrás del resto de Europa en lo que a industrialismo se refiere. Las fábricas y la industria rusas no eran lo bastante rápidas como para sostener adecuadamente al enorme Ejército Imperial Ruso. Los rusos entraron en la guerra con armas anticuadas y balas limitadas. Muchos soldados tuvieron que ir a la batalla sin armas y se vieron obligados a recoger armas arrojadas por soldados muertos.

Nicolás II también estaba decidido a dirigir a sus tropas en la batalla, pero no tenía las habilidades ni la experiencia para hacerlo con éxito. Para empeorar las cosas, Nicolás II confió Rusia a su esposa, Alexandra, que era extremadamente impopular entre los rusos y estaba cada vez más influenciada por el controvertido monje loco Grigori Rasputín.

A medida que la guerra se prolongaba, Rusia sufrió una serie de terribles derrotas. Solo en el primer año murieron más de un millón de soldados rusos. El cuerpo de oficiales se vio gravemente afectado, lo que acabó por debilitar a todo el ejército. En 1915, las tropas rusas se vieron obligadas a retirarse, lo que provocó una afluencia de refugiados que huían a las ciudades rusas. La inflación se disparó, las reservas de alimentos se vaciaron y el gobierno ruso se vio agobiado por una población cada vez más desesperada.

El 3 de marzo de 1918, Rusia firmó un tratado con las Potencias Centrales que puso fin a su participación en la guerra. Para entonces, un nuevo gobierno se había hecho cargo del país y la economía rusa estaba en ruinas.

Grigori Rasputín

Cuando la princesa Alix visitó Rusia antes de su compromiso con Nicolás, causó varias malas impresiones a los rusos, especialmente a Alejandro III y su esposa. Al principio se opusieron a la boda, pero cuando la salud de Alejandro III empezó a flaquear, cambiaron de opinión a regañadientes.

Cuando Alexandra (princesa Alix) se convirtió en reina, no mejoró su posición a los ojos de la población rusa. La gente la consideraba demasiado alemana debido a su brusca personalidad. Sin embargo, Nicolás II la amaba profundamente. Cuando partió a la guerra, la dejó al mando. Rápidamente empezó a hacer cambios en el gobierno, como despedir a los cargos electos, lo que no hizo sino poner a más gente en su contra.

Grigori Rasputín
https://commons.wikimedia.org/wiki/File:Rasputin_PA.jpg

Para empeorar las cosas, mantenía una estrecha relación con el controvertido sacerdote Grigori Rasputín. En 1905, la pareja real se dirigió al sacerdote, que tenía fama de hombre santo con poderes proféticos y curativos. Le pidieron que ayudara a su hijo, el zarevich Alekséi, enfermo de hemofilia. Rasputín consiguió curar al niño en repetidas ocasiones, lo que aumentó la dependencia de la familia real hacia él. Algunos sostienen que utilizó poderes místicos o hierbas y drogas para hacerlo, aunque lo más probable es que la atención de los médicos estresara a Alekséi. Rasputín ordenó a los médicos que se alejaran para poder «curar» al niño, lo que les impidió darle a Alekséi aspirina, un anticoagulante.

Alexandra dependía en gran medida de Rasputín, y este adquirió una considerable influencia política y personal sobre ella. Rasputín se peleaba a menudo en público con miembros del clero y alardeaba de su capacidad para controlar al zar y a la zarina. Muchos rusos prominentes exigieron que fuera expulsado de la corte.

Mientras Rusia se debilitaba durante la guerra y la población sufría, muchos culparon a Alexandra y Rasputín. Se extendieron viciosos rumores sobre su relación, y muchos afirmaron que mantenían un romance, lo que solo sirvió para debilitar la ya frágil imagen de Nicolás II. Los nobles rusos asesinaron a Rasputín el 30 de diciembre de 1916. Para entonces, la opinión pública rusa había perdido todo respeto por el gobierno Románov.

La Revolución de Febrero

Durante la guerra, la distribución y el transporte de alimentos se volvieron más ineficaces, lo que provocó escasez de alimentos, a pesar de que había comida más que suficiente para alimentar a la población. La Duma fue incapaz de influir en el zar para que cambiara, y los trabajadores de las fábricas empezaron a hacer huelga, ya que necesitaban salarios más altos para poder hacer frente al aumento del precio de los alimentos. En el Día Internacional de la Mujer (que comenzó el 8 de marzo de 1917, pero en realidad fue el 23 de febrero de 1917, según el calendario juliano), decenas de miles de obreras, madres y niños marcharon por las calles de Petrogrado para exigir alimentos. Se ordenó a los soldados que reprimieran la marcha por todos los medios. Muchas personas murieron y los soldados dejaron de luchar y se unieron a los manifestantes.

Revolución de Febrero en Petrogrado
https://commons.wikimedia.org/wiki/File:International_Women%27s_Day_-_February_Revolution_-_Petrograd.jpg

Durante toda la guerra, Nicolás II se negó a abordar los problemas de su imperio y no entendió o no se dio cuenta de lo mal que iban las cosas. Finalmente, el ejército se sublevó y los generales de Nicolás II lo convencieron para que abandonara el trono. Nicolás dejó el trono a su hermano menor, Miguel, que decidió no ocuparlo. Esto puso fin de forma decisiva a la dinastía Románov.

Consecuencias

El 12 de marzo, pocos días después de la Revolución de Febrero, la Duma se convirtió en el Gobierno provisional ruso y pidió la abdicación de Nicolás II. El gobierno Románov quedó prácticamente disuelto y la familia real fue depuesta y encarcelada. Mientras tanto, el gobierno provisional instituyó nuevos derechos, como la igualdad ante la ley, la libertad de expresión y el derecho a formar sindicatos y a la huelga. Esperaba evitar una revolución violenta. Un joven abogado llamado Aleksandr Kérenski ayudó a establecer el nuevo programa y actuó como ministro de Guerra.

Durante esta época, Rusia seguía inmersa en la Primera Guerra Mundial, que era extremadamente impopular entre la opinión pública rusa. La guerra debilitó la ya maltrecha economía rusa e hizo más común la escasez de alimentos. Aunque el impopular zar y su familia ya no estaban en el poder, Rusia seguía en caída libre y los disturbios se extendían cada vez más. Los campesinos desesperados se dedicaron a saquear los almacenes de alimentos y las granjas, y estallaron disturbios en casi todas las ciudades importantes. La gente no estaba contenta, y el gobierno provisional se esforzaba por resolver los problemas.

Mientras tanto, Alemania quería sacar a Rusia de la guerra y reconocía que el gobierno provisional tenía dificultades. Para desestabilizar a Rusia, ayudó al líder de los bolcheviques a regresar del exilio en un tren secreto. Casi tan pronto como llegó, empezó a aumentar la influencia bolchevique, lo que llevaría a más revoluciones.

La ejecución de los Románov

A la muerte de Alejandro III, Nicolás II se convirtió en zar. Estaba conmocionado y desprevenido. Según se dice, preguntó a uno de sus consejeros: «¿Qué va a ser de mí... de toda Rusia?». Poco más de dos décadas después, él y su familia fueron encarcelados por los bolcheviques, un grupo marxista de extrema izquierda.

La familia imperial rusa en 1916 (Alekséi no aparece en la foto)
https://commons.wikimedia.org/wiki/File:Russian_Imperial_family_in_1916.jpg

Tras la Revolución de Octubre, Nicolás II reconoció finalmente el peligro que corrían él y su familia. Pidió a Francia y Gran Bretaña que los acogieran, pero ambos países se negaron, a pesar de que Alexandra era nieta de la reina Victoria. Esto significaba que estaban a merced del gobierno bolchevique. La familia fue encarcelada y trasladada a varias casas. Fueron acosados por soldados y obligados a vivir en la miseria. A pesar de su dócil aceptación de las circunstancias, seguían siendo un problema para los bolcheviques, que temían que la familia real escapara de algún modo y causara problemas. Nicolás II y Alejandra sostenían que se salvarían. Y en cierto modo tenían razón, ya que el Ejército Blanco, que luchaba contra los bolcheviques, intentó rescatarlos. No llegaron a tiempo.

Con el Ejército Blanco acercándose, los bolcheviques sabían que había que hacer algo. El 17 de julio de 1918, la familia fue informada de que iban a ser trasladados de nuevo. Poco sabían que ellos y sus sirvientes iban a ser conducidos al sótano para ser ejecutados.

Los Románov habían cosido joyas, iconos religiosos y dinero en sus ropas para usarlos en caso de que la familia escapara. Pero lo que debería haber sido una ejecución rápida duró veinte minutos. Tras la embestida inicial, todos los niños seguían vivos gracias a la cantidad de joyas y otros objetos cosidos en sus ropas. Tatiana, María y Anastasia llevaban kilos de joyas. Los verdugos dispararon, apuñalaron y golpearon a la familia hasta que murieron. (Aunque más tarde surgieron impostores, la familia Románov y sus sirvientes murieron todos en el ataque).

Los cuerpos fueron llevados a un pozo minero y empapados en ácido sulfúrico. Sin embargo, el pozo no era tan profundo como había previsto el cabecilla. Los cuerpos fueron trasladados hasta que se decidió que lo mejor era enterrarlos. Una de las fosas se encontró en 1979, aunque no se investigó hasta 1991. La otra fosa, en la que estaban Alekséiy María, se encontró en 2007.

El mundo quedó conmocionado por el asesinato de la familia real. Este acto de violencia definió la Revolución rusa, no las victorias políticas por las que tanto habían trabajado Vladimir Lenin y los bolcheviques.

Capítulo 8: La Revolución de Octubre y la guerra civil rusa

Vladimir Lenin y los bolcheviques consideraban la monarquía como un cáncer que impedía el crecimiento de Rusia y el bienestar de los trabajadores rusos. Lucharon duro para acabar con la monarquía autocrática, pero una vez que lo hicieron, descubrieron que Rusia sería más difícil de reformar de lo que habían imaginado. La economía era un caos, ya que Rusia había luchado en la aparentemente interminable Gran Guerra, y el gobierno provisional no estaba dispuesto a ceder su poder sin luchar.

Los bolcheviques ganaron rápidamente poder y popularidad entre el pueblo, y fueron capaces de escenificar su propia revolución, que hizo realidad su gobierno. Cuando Rusia abandonó por fin la Primera Guerra Mundial, muchos sospecharon que estaba en vías de recuperación. Sin embargo, más acontecimientos climáticos asolarían el país hasta sumirlo en una terrible guerra civil.

Karl Marx y el comunismo

Karl Marx nació en 1818 en Prusia. Posteriormente asistió a la Universidad de Bonn, donde fue detenido por batirse en duelo con otro estudiante y por embriaguez. Después se matriculó en la Universidad de Berlín, donde estudió filosofía y derecho. Marx se vio profundamente influido por la filosofía del profesor G. W. F Hegel. Mientras estaba en la universidad, se involucró con los Jóvenes Hegelianos, que era un movimiento que se oponía a muchos establecimientos políticos europeos.

Marx estuvo expuesto a muchas ideas radicales que más tarde afectaron a su trabajo como periodista.

Karl Marx
https://commons.wikimedia.org/wiki/File:Karl_Marx.png

Como consecuencia, fue expulsado por varios gobiernos europeos. En 1848, trabajó con Friedrich Engels y completó *El Manifiesto Comunista*. El libro introducía muchos conceptos políticos radicales nuevos y afirmaba que el socialismo era el resultado de los fallos del capitalismo. Sus teorías provocaron malestar y aumentaron los movimientos obreros, en los que participó Marx. La obra de Marx se extendió por toda Europa e inspiró a innumerables partidos políticos, incluidos los bolcheviques en Rusia.

Con el paso de los años, Marx desarrolló sus teorías económicas y trabajó como periodista y revolucionario. En 1864 ayudó a crear la Asociación Internacional de Trabajadores y más tarde publicó la primera parte de *El Capital: Crítica de la economía política*, un volumen sobre su teoría económica. Afirmaba que el capitalismo siempre se autodestruiría y conduciría al comunismo. Aunque Marx trabajó duro para terminar el libro, nunca completó su obra, ya que murió en 1883. No tenía ni idea de que su obra tendría consecuencias tan trascendentales y acabaría convirtiéndose en la base del gobierno socialista de Rusia.

El ascenso de los bolcheviques

Los bolcheviques eran una facción marxista revolucionaria de extrema izquierda. Fue fundada por Vladimir Lenin, que se escindió de los mencheviques, uno de los partidos más influyentes del Movimiento Socialista Ruso. Lenin promovió la escisión cuando escribió un panfleto político titulado «¿Qué hay que hacer?». El panfleto fue ilegalizado en Rusia, que tenía estrictas leyes de censura.

Lenin creía firmemente que una revolución solo se produciría si estaba dirigida por líderes profesionales extremadamente dedicados a los principios de Karl Marx. En 1903, el Partido Obrero Socialdemócrata Ruso (RSDLP) se reunió en el Segundo Congreso del Partido. Durante este tiempo, Lenin y Yuli Mártov, otro miembro destacado del partido, tuvieron un desacuerdo sobre las normas de afiliación del partido. Lenin pretendía crear un grupo de revolucionarios profesionales que dedicaran todas sus fuerzas a derrocar al gobierno zarista. Los desacuerdos fueron en aumento y desembocaron en una escisión decisiva dentro del partido.

Los bolcheviques desempeñaron un pequeño papel en la Revolución de 1905 y fueron reforzando sus filas con el paso de los años. Llegaron a crear su propio partido oficial en 1912, lo que significó su completa separación de otros partidos socialistas. Hubo varios desacuerdos dentro del partido sobre cómo debía gobernarse Rusia una vez que el partido tomó el poder, pero su objetivo político siguió siendo el mismo. Querían derrocar al gobierno zarista y lograr un cambio social completo. Muchos consideraban inmoral el trato desigual que recibían los trabajadores y afirmaban que había que acabar con las clases sociales. Las obras de Lenin promovían el objetivo de que un grupo de revolucionarios altamente formados derrocara al gobierno y acabara dando el poder a un partido socialista que gobernara con mayor eficacia.

Cuando estalló la Primera Guerra Mundial y el régimen zarista se tambaleó, la revolución que los bolcheviques habían estado esperando se hizo realidad.

Vladimir Lenin

Vladimir Lenin nació en 1870 en el seno de una familia de clase media. Por aquel entonces se llamaba Vladimir Ilich Uliánov. Era uno de seis hermanos y asistió a la escuela secundaria, lo que era impresionante para la época. En 1887, el hermano mayor de Lenin fue ejecutado al descubrirse que había participado en un complot para asesinar a Alejandro III. Esto expuso a Lenin a ideas políticas radicales que acabarían definiendo su vida.

Durante su infancia, el gobierno tomó medidas drásticas contra la educación. Como el padre de Lenin era inspector de escuelas, la familia estaba en el punto de mira del gobierno, y el padre de Lenin fue amenazado con la jubilación anticipada. Esto probablemente contribuyó a la aversión de Lenin hacia el régimen zarista.

En la universidad, Lenin estudió Derecho, pero participó en una protesta estudiantil que le valió la expulsión. Durante este periodo, comenzó a leer literatura más radical, incluidas las obras de Karl Marx. Cuando terminó la universidad, se licenció en Derecho. Para entonces, ya se había convertido en marxista.

Vladimir Lenin pronunciando un discurso
https://commons.wikimedia.org/wiki/File:Vladimir_Lenin_giving_a_speech.jpg

A mediados de la década de 1890, Vladimir fue detenido y exiliado a Siberia. Unos años más tarde, una vez finalizado su exilio, se trasladó a Alemania y luego a Suiza, donde pudo relacionarse libremente con otros marxistas. Con el tiempo, adoptó el nombre de Lenin y se convirtió en el fundador del Partido Bolchevique.

Lenin afirmaba que la Primera Guerra Mundial era el resultado del capitalismo. El gobierno alemán envió a Lenin y a otros radicales rusos de vuelta a Rusia con el objetivo de desestabilizar el gobierno para poner fin a la participación de Rusia en la guerra. Lenin se propuso inmediatamente derrocar al Gobierno provisional ruso, que según él era una dictadura burguesa.

León Trotsky

Lev Davídovich Bronstein, o León Trotsky, nació en la actual Ucrania en 1879. En la escuela conoció el marxismo, que marcaría el resto de su vida. En 1897 se convirtió en miembro fundador de la Unión de Trabajadores de Rusia del Sur. Bronstein fue detenido por sus actividades políticas y exiliado a Siberia. Durante su exilio, conoció y se enamoró de una correvolucionaria llamada Alexandra Lvovna Tolstaya (hija de León Tolstoi). La pareja tuvo dos hijos. En 1902, Bronstein pudo escapar del exilio, aunque para ello tuvo que dejar atrás a su familia. En sus documentos falsificados utilizó el nombre de León Trotsky, que siguió usando el resto de su vida.

Trotsky viajó a Londres, donde conoció a Vladimir Lenin y se afilió al Partido Socialista Democrático. Durante su estancia en Londres conoció a Natalia Ivanovna, con la que se casó. La pareja tuvo dos hijos.

León Trotsky
https://commons.wikimedia.org/wiki/File:Leon_Trotsky_Sailor.jpg

Durante aquellos días, el Partido Socialista Democrático luchó por la afiliación y el liderazgo. Lenin quería que un pequeño grupo de revolucionarios entrenados controlara a un gran grupo de simpatizantes, mientras que Yuli Mártov quería una organización más democrática. Trotsky se mantuvo neutral e intentó negociar entre ambos bandos, pero muchos miembros optaron por ponerse del lado de Lenin.

En 1905, Trotsky regresó a Rusia, donde participó activamente en la Revolución de 1905. De nuevo fue detenido y exiliado. Sus acciones le granjearon la simpatía del partido y logró escapar de la cárcel una vez más. Trotsky pasó los diez años siguientes exiliado en Europa, donde escribió para revistas revolucionarias rusas.

Cuando el gobierno zarista fue derrocado, regresó a Rusia para ayudar a resolver algunos de los problemas surgidos tras la revolución. Sin embargo, criticó duramente al Gobierno provisional ruso, lo que provocó su arresto. Esto llevó a Trotsky a unirse al Partido Bolchevique.

En aquella época, el Soviet de Petrogrado era la sede de la oposición al Gobierno provisional ruso. Tras unirse a los bolcheviques, Trotsky fue nombrado presidente del Soviet de Petrogrado. Posteriormente ayudaría a Lenin y a los bolcheviques a derrocar el gobierno provisional. Trotsky también participó en la guerra civil rusa y se convirtió en uno de los mayores enemigos de Stalin.

José Stalin

Iósif Vissariónovich Dzhugashvili, más conocido como José Stalin, nació en 1878 en Georgia. Más tarde adoptó el nombre de Stalin, que significa «hombre de acero». Stalin era hijo único de un zapatero y una lavandera. Su padre era un alcohólico que pegaba a su hijo con regularidad. Siendo aún un niño, Stalin contrajo la viruela, que le dejó cicatrices en la cara para el resto de su vida. En la escuela se hizo marxista y fue expulsado en 1899.

Stalin participó activamente en huelgas y movimientos obreros, lo que lo llevó a unirse a los bolcheviques. Durante los primeros años del partido, participó en atracos a bancos para recaudar fondos para el partido. Fue detenido varias veces y exiliado a Siberia, al igual que muchos de sus compañeros.

En 1906, se casó con Yekaterina Svanidze y tuvo un hijo, Yákov, con el que Stalin nunca estuvo especialmente unido. Yekaterina murió poco después de nacer su hijo. En 1918, Stalin se casó con Nadezhda «Nadya» Alilúyeva, hija de un revolucionario. Tuvieron dos hijos, una hija y un hijo. Su hija, Svetlana Alilúyeva, desertó a Estados Unidos en 1967. Tuvo varios hijos ilegítimos, y Nadya acabó suicidándose cuando tenía treinta años.

José Stalin de joven
https://commons.wikimedia.org/wiki/File:Stalin_1902-1.jpg

Durante su estancia en Suiza, Lenin consiguió que Stalin formara parte del primer Comité Central del Partido Bolchevique. Stalin era muy ambicioso y, durante los primeros días del partido, se aseguró de ponerse del lado de Lenin en las disputas del partido. Cuando los bolcheviques adquirieron mayor protagonismo tras la Revolución de Febrero, Stalin contribuyó en gran medida a que alcanzaran el poder. Con el tiempo se convirtió en uno de los miembros más destacados del partido.

El Gobierno provisional ruso

Cuando Lenin regresó a Rusia, todo el país estaba cansado de los estragos de la guerra. Lenin promovió el Partido Bolchevique bajo el lema «Paz, tierra, pan», que atrajo enormemente a los rusos cansados de la guerra. Mientras tanto, el gobierno provisional luchaba por combatir eficazmente todos los problemas a los que se enfrentaba Rusia, pero varios rusos prominentes intentaron que el gobierno provisional funcionara. Sin embargo, tras la destitución de la monarquía, se produjo un vacío de poder y muchos se apresuraron a enriquecerse. Y a pesar de que la mayoría de los rusos estaban hartos de la guerra, el gobierno provisional mantuvo a Rusia luchando en el frente.

Finalmente, Aleksandr Kérenski quedó como último jefe del Gobierno provisional. En 1917 lanzó una ofensiva contra austriacos y alemanes. Fue un fracaso masivo y causó un gran revuelo en Rusia. Cada vez más soldados empezaron a desertar del ejército, y los bolcheviques difundieron propaganda dentro del ejército, lo que volvió los ánimos en contra del Gobierno provisional. Kérenski respondió intentando enviar a todos los soldados bolcheviques a los peores frentes de batalla, lo que obligó a los soldados a sublevarse contra el Gobierno provisional ruso. Estas rebeliones fueron conocidas como las Jornadas de Julio. Soldados y marineros se reunieron frente al palacio de Táuride en un intento de derrocar al gobierno provisional. Aunque la rebelión fue finalmente sofocada, el Gobierno provisional ruso estaba en las últimas y no sobreviviría mucho tiempo. Acabaría siendo derrocado durante la Revolución de Octubre.

La Revolución de Octubre

Los días 24 y 25 de octubre de 1917 (según el calendario juliano), Lenin finalmente actuó contra el Gobierno provisional ruso. Dio un golpe de estado y convocó un gobierno soviético. Su objetivo era sustituir el gobierno burgués por un gobierno controlado por consejos formados por campesinos, obreros y soldados. Su partido había ido ganando popularidad tras la Revolución de Febrero, sobre todo porque muchos rusos querían abandonar la Primera Guerra Mundial. El golpe fue casi incruento, y los bolcheviques tomaron el control de lugares clave de Petrogrado y establecieron un nuevo gobierno.

Trabajadores y soldados llevaban tiempo exigiendo un cambio total, lo que proporcionó una buena base para la tan esperada revolución de Lenin. Ya había creado una fuerza paramilitar de voluntarios llamada Guardias Rojos, que lo ayudó durante el golpe. También pasó meses organizando a obreros, soldados, marineros y campesinos para que se convirtieran en guardias rojos efectivos. En cuanto los bolcheviques alcanzaron el poder, anunciaron el régimen soviético con Lenin como gobernante. Lenin se convirtió en el primer dirigente comunista de la historia.

Gobierno bolchevique

Tras el golpe, los bolcheviques crearon el Consejo de Comisarios del Pueblo, con Lenin como presidente. Trotsky fue nombrado comisario de Asuntos Exteriores. La primera tarea del gobierno bolchevique fue poner fin a la participación de Rusia en la Primera Guerra Mundial. Trotsky fue encargado de firmar la paz con los alemanes y encontrar una salida a la guerra. Los alemanes, que habían ayudado a muchos revolucionarios prominentes a regresar a Rusia, esperaban este resultado y estaban preparados con una lista de reparaciones y demandas territoriales.

Sin embargo, Trotsky no quería ceder a las demandas alemanas y aconsejó a Lenin que las rechazara. Sugirió que esperaran un tiempo para ver si los Aliados derrotaban a Alemania o si Alemania se veía obligada a retirarse de la guerra debido a un conflicto interno. Lenin no estaba de acuerdo, ya que quería poner fin rápidamente a la guerra que estaba demostrando ser un continuo derroche de los recursos y la moral rusos. En su lugar, quería centrarse en la construcción del nuevo gobierno soviético.

En marzo de 1918, el gobierno bolchevique firmó el Tratado de Brest-Litovsk con Austria-Hungría, Alemania, Bulgaria y el Imperio otomano. La medida les costó un millón de millas cuadradas de territorio. Trotsky dimitió de su cargo de comisario de asuntos exteriores.

Los bolcheviques acababan de crear el Ejército Rojo, y Lenin nombró a Trotsky su líder. Trotsky brilló en este papel y se le encomendó la tarea de acabar con el movimiento antibolchevique conocido como Movimiento Blanco.

Lenin se puso inmediatamente a instituir muchas de las reformas marxistas con las que siempre había soñado y estaba en camino de establecer un gobierno comunista fuerte. También creó la Checa, la primera policía secreta rusa. La Checa se utilizó para silenciar a cualquier opositor dentro del Partido Bolchevique y a cualquier rival político. En respuesta, un rival político disparó a Lenin en el hombro y el cuello en 1918.

La Checa recibió permiso para iniciar una campaña de ejecuciones masivas. Esta época llegó a conocerse como el Terror Rojo. En dos meses, la Checa había ejecutado a unos 100.000 «enemigos del pueblo». Entre los ejecutados había partidarios del zarismo, miembros de la antigua clase alta y opositores bolcheviques. Los acontecimientos posteriores a la Revolución de Octubre desembocaron en la guerra civil rusa.

El movimiento antibolchevique

Desde que los bolcheviques tomaron el poder, se les opusieron diversas facciones. Sin embargo, no fue hasta el Tratado de Brest-Litovsk cuando las facciones antibolcheviques pasaron a la acción. El Ejército Blanco se formó con miembros socialistas no bolcheviques, liberales, generales del ejército, antiguos terratenientes, promonárquicos y otros que compartían el odio a los bolcheviques. El Ejército Blanco controlaba amplias zonas del antiguo Imperio ruso y reforzó el ejército mediante reclutamientos y apoyo extranjero.

Muchos aliados occidentales estaban disgustados por las acciones del gobierno bolchevique y apoyaron al Ejército Blanco. A estos países occidentales les preocupaba que los bolcheviques se aliaran con Alemania. Los bolcheviques también habían prometido no pagar los cuantiosos prestamos extranjeros, y los aliados occidentales temían cada vez más que las ideas revolucionarias que habían arraigado en Rusia se extendieran. Winston Churchill afirmó célebremente que había que estrangular al bolchevismo en su cuna.

Para ello, los países aliados occidentales enviaron al Ejército Blanco tropas y suministros. Los Aliados también habían entregado a Rusia una enorme cantidad de suministros de guerra y temían que esos suministros fueran entregados a los alemanes, lo que prolongaría la guerra. En consecuencia, se enviaron tropas extranjeras a Rusia, donde se enfrentaron con frecuencia al Ejército Rojo.

La guerra civil rusa

La guerra civil rusa estalló en 1917, con Trotsky al frente del Ejército Rojo en nombre de los bolcheviques. En 1918, los Románov fueron ejecutados, lo que puso fin a los esfuerzos por restaurar a Nicolás II en el trono. Trotsky demostró ser un líder capaz que condujo a su ejército a la victoria. No fue una hazaña fácil, ya que varios oficiales bolcheviques, entre ellos Lenin, anularon a menudo las estrategias y los esfuerzos de Trotsky. También tuvo que librar la guerra en dieciséis frentes diferentes, ya que el Ejército Blanco lo atacó por todos lados. La guerra fue brutal y murieron unas 300.000 personas. La Checa continuó con el Terror Rojo durante este tiempo; según las estimaciones, pudo haber matado a más de un millón de personas.

Durante la guerra, Lenin instituyó una serie de políticas que llegaron a conocerse como comunismo de guerra. Estas políticas temporales permitieron a Lenin fortalecer su posición y derrotar a sus enemigos.

Lenin nacionalizó todas las manufacturas e industrias y quitó el grano a los campesinos para alimentar al Ejército Rojo. Como resultado, las industrias y las manufacturas cayeron en picado, y la escasez de grano acabó provocando hambrunas. Esto condujo a la pobreza masiva y al malestar. Muchos campesinos y obreros se vieron afectados, lo que hizo que algunos añoraran los días de la monarquía, pero esas opiniones no podían expresarse libremente debido al reino del terror de la Checa.

El Ejército Rojo consiguió ganar la guerra en 1920, y el Ejército Blanco se vio obligado a rendirse. El régimen bolchevique y el gobierno soviético estaban firmemente afianzados.

La economía rusa había quedado devastada por la guerra, ya que las infraestructuras habían quedado destruidas. Gran parte de la población calificada y culta huyó de Rusia, y una desastrosa sequía provocó enfermedades y hambruna. Para entonces, el gobierno ruso estaba casi en la ruina total.

Tras la guerra civil rusa, en 1922 se firmó un tratado entre Ucrania, Bielorrusia, la Transcaucasia y Rusia. Esto llevó a Lenin a formar la Unión de Repúblicas Soviéticas (URSS). Lenin fue el primer jefe de la URSS, pero no ocuparía el cargo durante mucho tiempo, ya que sufrió una serie de derrames cerebrales entre 1922 y 1924. Durante este tiempo, Stalin comenzó a ganar poder, y no pasaría mucho tiempo hasta que la URSS marcara el comienzo de una nueva era en la historia rusa.

CUARTA PARTE:
El viaje de la Rusia comunista a la República Rusa (1922-2022)

Capítulo 9: La Unión de Repúblicas Socialistas Soviéticas (URSS)

Durante años, revolucionarios como Vladimir Lenin trabajaron para acabar con el gobierno zarista. Cuando finalmente lograron este objetivo, pudieron construir un gobierno basado en sus ideales marxistas. Sin embargo, tuvieron que hacer frente a una seria oposición que amenazaba su régimen. Como primer estado comunista de la historia, tuvieron que enfrentarse a retos sin precedentes que pusieron a prueba su inteligencia e ingenio.

Mapa de la URSS
Especial:Contribuciones/Saul ip. Obra derivada de Σ, CC BY-SA 3.0 <https://creativecommons.org/licenses/by-sa/3.0>, vía Wikimedia Commons;
https://commons.wikimedia.org/wiki/File:Map_of_USSR_with_SSR_names.svg

Tras la guerra civil rusa, la oposición bolchevique fue derrotada, pero el Estado estaba al borde del colapso. Para colmo, la salud de Lenin se deterioraba y la URSS se tambaleaba por el ascenso de un ambicioso oficial llamado José Stalin, decidido a llegar a lo más alto costase lo que costase.

Formación de la URSS

El 29 de diciembre de 1922, los delegados de Rusia, Ucrania, Bielorrusia y la Transcaucasia se reunieron y firmaron la Declaración de Creación de la URSS. En 1924, Gran Bretaña reconoció formalmente a la URSS y se aprobó una Constitución soviética que legitimaba la reunión de 1922. Los bolcheviques podían por fin ponerse a crear su nuevo gobierno, y muchos esperaban que las brutalidades de los años anteriores quedaran olvidadas.

Los bolcheviques, dirigidos por Vladimir Lenin, se concentraron en reestructurar todas las partes de Rusia. Esto incluía la reforma de la economía y pretendía dotar al país de servicios básicos como la electricidad. Se elaboró un plan para la construcción de veinte centrales eléctricas regionales, centrales hidroeléctricas y empresas eléctricas. Este plan acabaría siendo la base de los planes quinquenales posteriores, sobre los que profundizaremos más adelante. Se reprimió con saña cualquier tipo de empresa o producción capitalista, ya que los bolcheviques querían alcanzar el comunismo total. Las políticas que se habían promulgado durante la guerra civil rusa habían provocado disturbios y una pobreza desesperante. Esto hizo que el gobierno se replanteara su estrategia, y Lenin se vio obligado a idear la Nueva Política Económica.

Hubo poco tiempo para disfrutar de la victoria política de la creación de la URSS, ya que la oposición crecía en el interior del país a medida que aumentaban la pobreza y el malestar. Para empeorar las cosas, aumentaron las tensiones en el seno del Partido Bolchevique, ya que los ministros discrepaban sobre cómo debía administrarse y controlarse el nuevo gobierno.

Rebelión de Kronstadt

Rusia se encontraba en una crisis casi constante desde el estallido de la Primera Guerra Mundial. El pueblo se había visto obligado a participar en una guerra terrible, enviando a sus familiares varones a convertirse en soldados de un ejército que ni siquiera podía proporcionarles armas. Después de aquello, Rusia pasó por numerosas revoluciones, rebeliones y levantamientos. Cuando los bolcheviques subieron al poder, mucha gente esperaba que las cosas mejoraran.

Aunque los bolcheviques sacaron a Rusia de la guerra, unos meses después comenzó una nueva guerra que golpeó mucho más de cerca. Una vez más, el pueblo ruso se vio sometido a nuevos cambios que no hicieron sino empeorar su situación, ya que se vieron obligados a adherirse a las políticas del comunismo de guerra. Gran parte de la población desconocía el comunismo, a Karl Marx y a los partidos socialistas antes de que los bolcheviques tomaran el poder.

Las confiscaciones de grano y las prohibiciones del libre comercio causaron graves trastornos en toda Rusia, ya que los campesinos y los habitantes de las ciudades sufrieron enormemente. La producción cayó a niveles escandalosamente bajos. Esto provocó un descontento generalizado y huelgas, que no hicieron sino agravar el problema. Los bolcheviques se esforzaron por contener el malestar, pero recibieron otro duro golpe antes de alcanzar sus objetivos. En 1921, los soldados y marineros estacionados en Kronstadt iniciaron un levantamiento masivo.

Kronstadt era una isla fortaleza que protegía la ciudad clave de Petrogrado. El levantamiento fue sorprendente porque los soldados de Kronstadt habían sido algunos de los más leales partidarios bolcheviques durante la revolución. El propio Trotsky los había calificado de héroes de la revolución. Sin embargo, los soldados y marineros de allí se vieron impulsados a la acción debido a las condiciones a las que se enfrentaba el pueblo. Cuando oyeron y vieron lo que estaba pasando el país, lucharon contra el régimen al que habían ayudado a llegar al poder.

Los soldados formaron un Comité Revolucionario Provisional y enviaron al gobierno una lista de reivindicaciones económicas, políticas y sociales. Los rebeldes también afirmaron que querían soviets sin bolcheviques y crearon un periódico antibolchevique. Afirmaban que los bolcheviques eran peores que el gobierno zarista. Sin embargo, los rebeldes también expusieron algunos puntos positivos e instaron a los bolcheviques a suavizar las políticas del comunismo de guerra para aliviar al pueblo.

Los bolcheviques respondieron con dureza y enviaron una poderosa fuerza para aplastar la rebelión. Muchos partidarios del Partido Bolchevique estaban disgustados por la forma en que se había manejado la rebelión, y Lenin se dio cuenta rápidamente de que había que cambiar las cosas.

La nueva política económica

Durante la guerra civil rusa, Lenin introdujo una serie de políticas temporales que llegaron a conocerse como comunismo de guerra. Algunas de estas políticas requisaban los excedentes de grano de los campesinos para alimentar al Ejército Rojo, lo que provocó una grave escasez de alimentos y hambruna. El problema se vio agravado por una grave sequía que asoló Rusia en 1920 y 1921. Cuando se perdieron las cosechas, no quedó excedente de grano para solucionar la escasez, y miles de personas sufrieron. Lenin reconoció la necesidad de suavizar algunas de sus políticas comunistas e introdujo la Nueva Política Económica (NEP) en 1921.

La NEP suponía un enorme alejamiento de muchos de los ideales que se defendían en el Partido Bolchevique, y muchos funcionarios se opusieron a esta medida. En esencia, la NEP permitía elementos de libre comercio y capitalismo. Se puso fin a la política de requisición de grano, lo que supuso un alivio para los campesinos. Se permitió a los campesinos rusos comprar y vender sus productos, lo que dio lugar al desarrollo de una clase mercantil llamada «Nepmen».

Aunque muchos rusos estaban encantados con los cambios, la NEP causó agitación dentro del Partido Bolchevique. El gobierno bolchevique seguía controlando los elementos más importantes de la economía, como las industrias, las finanzas y la banca. Aun así, muchos bolcheviques consideraban la NEP una traición a sus convicciones socialistas.

Desde que se permitió a los campesinos volver a vender sus excedentes, se vieron motivados a producir más, lo que llevó a un aumento de la producción agrícola. Aunque la NEP no salvó por sí sola la economía rusa, supuso un alivio muy necesario para la población y en general se considera un éxito.

Consecuencias de la muerte de Lenin

Entre 1922 y 1924, Lenin sufrió una serie de derrames cerebrales que afectaron gravemente a su salud. Le costaba hablar y empleaba todas sus fuerzas para gobernar. A medida que su vida se acercaba al final, temía lo que pudiera ocurrirle al gobierno que había ayudado a crear. Era muy consciente de las fuerzas peligrosas que había en su propio partido. Durante los últimos meses de su vida, escribió algunos ensayos sobre la corrupción del Partido Comunista. Reconoció que Stalin era un individuo peligroso y sugirió que fuera destituido de su alto cargo. Los ensayos llegaron a conocerse como «El Testamento de Lenin».

Lenin murió en enero de 1924. Su cuerpo fue trasladado varias veces antes de ser embalsamado y expuesto en la Tumba de Lenin en la plaza Roja de Moscú. Cerca de un millón de personas hicieron cola en medio de un frío abrasador para presentar sus respetos a su antiguo líder. San Petersburgo, que había sido rebautizada Petrogrado, pasó a llamarse Leningrado en honor de Lenin. A pesar de todos los honores que recibió, sus consejos sobre Stalin no fueron escuchados.

Mausoleo de Lenin
Jorge Láscar de Melbourne, Australia, CC BY 2.0 <https://creativecommons.org/licenses/by/2.0>, vía Wikimedia Commons; https://commons.wikimedia.org/wiki/File:Lenin%27s_Mausoleum_(19775699420).jpg

Cuando Lenin sufrió su primera apoplejía, surgieron dudas sobre quién sería su sucesor. Muchos supusieron que Trotsky ocuparía su lugar, ya que tenía un sólido historial de servicio, pero también había ofendido a muchos funcionarios importantes. Stalin era uno de los que Trotsky había ofendido, y apoyó a la oposición contra Trotsky. Stalin había sido nombrado secretario general del Comité Central, lo que le permitía controlar los nombramientos de los miembros del partido. Utilizó su posición para colocar a sus aliados en puestos estratégicos.

Lenin había apoyado a Trotsky frente a Stalin, pero el rápido deterioro de su salud impidió que sus esfuerzos tuvieran éxito. A la muerte de Lenin, Stalin superó políticamente a Trotsky y se hizo con el control del Partido Comunista. Stalin se convirtió en el dictador de la URSS, mientras Trotsky era expulsado lentamente del gobierno. Lo que Lenin había advertido se había cumplido.

José Stalin en el poder

Stalin era un dictador que gobernaba mediante el terror y utilizaba cualquier medio necesario para deshacerse de su oposición. El comienzo de su reinado parecía prometedor, ya que introdujo una serie de planes quinquenales que debían revitalizar la economía rusa y convertirla en una potencia comunista moderna. Cuando sus planes no fueron bien recibidos, recurrió al exilio, la ejecución y el castigo de los disidentes. Aplicó políticas de colectivización forzosa que provocaron pobreza y hambre generalizadas. Stalin empleó a la policía secreta y creó un sistema de Gulag, constituido por campos de trabajos forzados. Se animó a los vecinos a espiarse mutuamente y a denunciar cualquier delito u oposición al nuevo régimen.

Stalin impuso su poder absoluto y utilizó la propaganda para presentarse como el líder perfecto. Se construyó a sí mismo en la cultura soviética cambiando el nombre de las ciudades en su honor, reescribiendo los libros de historia para embellecer sus logros y poniendo su nombre en el himno nacional. Se aseguró de que se lo halagara en el arte, la literatura y la música. El régimen de Stalin también controlaba los medios de comunicación y ejercía una censura extrema.

León Trotsky era la única persona que parecía capaz de detener a Stalin, y nunca dejó de intentar oponerse al gobierno de Stalin. En 1928, Trotsky había sido expulsado del gobierno y sus logros estaban desacreditados. Entonces fue desterrado de la Unión Soviética. Aunque Trotsky no pudo regresar a su patria, siguió escribiendo sobre los abusos de poder de Stalin. Stalin tomó represalias afirmando que Trotsky era un traidor y un enemigo de su pueblo. Los aliados de Trotsky fueron perseguidos, y Trotsky fue asesinado con un piolet por un miembro de la policía secreta en 1940.

Los planes quinquenales

Stalin era un hombre ambicioso que no dejaba que nada se interpusiera entre él y el poder que ansiaba. Cuando finalmente se convirtió en el líder de la URSS, reveló sus planes increíblemente ambiciosos para la Unión Soviética. Introdujo una serie de planes quinquenales destinados a desarrollar la industria del país y colectivizar la agricultura. El primer plan comenzó el 1 de octubre de 1928. Stalin decidió que era necesario reformar toda la economía para mantener el ritmo de Europa Occidental. Creía que, a menos que Rusia se pusiera a la altura de sus vecinos europeos, el país sería aplastado por las potencias capitalistas.

El primer plan quinquenal se centró en hacer más eficiente la agricultura introduciendo la mecanización y la colectivización. Se construyeron nuevos centros industriales en zonas deshabitadas ricas en recursos naturales. Se hizo más hincapié en las industrias pesadas, ya que Rusia se preparaba para una futura guerra industrializada. Este cambio de enfoque provocó un éxodo masivo de las zonas rurales a las ciudades, ya que la gente iba en busca de una vida mejor y proporcionaba la mano de obra que el primer plan quinquenal necesitaba para tener éxito. Sin embargo, la nueva mano de obra carecía por completo de calificación y tenía dificultades para manejar la maquinaria industrial. Los trabajadores también tuvieron que soportar terribles condiciones en las fábricas que se cobraron vidas humanas.

Además, la colectivización de la agricultura provocó hambrunas y disturbios. El plan condujo a un aumento significativo de la producción, pero también fracasó terriblemente en aspectos clave. Millones de personas abandonaron sus granjas en busca de una vida mejor, pero se vieron atrapadas en fábricas y obligadas a trabajar en condiciones deplorables. Los que se habían quedado fueron arrastrados por las políticas de colectivización agrícola que acabaron contribuyendo a la hambruna generalizada.

El gobierno de Stalin culpó a los kulaks (campesinos que se habían beneficiado de la NEP y habían conseguido amasar cierta riqueza). Los kulaks fueron perseguidos con saña y asesinados o enviados al Gulag, donde se los obligó a trabajar en los proyectos de Stalin. Una vez eliminados los kulaks, sus tierras fueron entregadas al Estado para apoyar la colectivización.

Los ciudadanos de las zonas no rusas de la Unión Soviética también sufrieron. Estaban sometidos a las políticas de Stalin y pronto sintieron los desastrosos efectos de los planes quinquenales. Esto provocó un distanciamiento entre rusos y no rusos. Para empeorar las cosas, las políticas provocaron una hambruna devastadora en Ucrania llamada Holodomor. El gobierno soviético no reaccionó ante el desastre, lo que provocó el resentimiento de los ucranianos. Algunos discuten si se trató de un genocidio; dieciséis países creen que sí. Hasta cinco millones de personas murieron en Ucrania a causa de la hambruna.

A pesar de los fracasos y el sufrimiento causados por el primer plan quinquenal, Stalin continuó con su segundo plan quinquenal. Esto permitió a la Unión Soviética convertirse en uno de los principales países productores de acero. Hubo varios éxitos, como las mejoras introducidas en las comunicaciones y unos ferrocarriles más rápidos y fiables. Sin embargo, el segundo plan no alcanzó los niveles de producción previstos.

La URSS seguiría utilizando planes quinquenales hasta su disolución en 1991. Se hacía hincapié en la producción y se introducían continuamente mejoras para ooptimizarla. Por ejemplo, se introdujeron guarderías para que las madres pudieran concentrarse en trabajar más en las fábricas y en el campo. También se utilizó un sistema de incentivos y castigos para motivar a la gente a trabajar más.

Juicios en Moscú

Durante su mandato como líder de la URSS, Stalin llevó a cabo múltiples purgas políticas para deshacerse de sus enemigos. Esto dio lugar a numerosos juicios amañados, perfectamente planificados para obtener el resultado deseado por Stalin. Los rivales políticos, como los opositores al Partido Comunista y los trotskistas, eran juzgados en juicios farsa que solo servían para dar un espectáculo al país. Los juicios de Moscú tuvieron lugar durante la Gran Purga, que duró de 1937 a 1938. Estos juicios son ejemplos perfectos de los juicios espectáculo de Stalin.

Los juicios de Moscú fueron una serie de juicios de alto nivel que juzgaron a varios comunistas influyentes por traición. Hubo incluso destacados estadounidenses que apoyaron los juicios y aprobaron los veredictos. Fue un espectáculo impactante diseñado para exhibir el poder de Stalin y suprimir cualquier posible oposición a su gobierno.

Stalin coaccionó a varios comunistas de alto rango, la mayoría de los cuales habían servido durante la Revolución de 1917 y la guerra civil rusa, para que admitieran que eran traidores a la URSS. Algunas de estas confesiones se hicieron después de que sus seres queridos fueran amenazados. La mayoría de los juicios terminaron en ejecuciones y fueron transparentemente amañados. A pesar de su lealtad a la causa comunista rusa, estos oficiales habían apoyado a Trotsky o se habían negado a aliarse con Stalin, lo que, a ojos de Stalin, eran crímenes dignos de muerte.

Una vez desaparecidos sus rivales, Stalin pudo reescribir los libros de historia y reivindicar como suyos muchos de sus logros. Esto contribuyó a mitificar su nombre y lo convirtió en una leyenda viva.

La Gran Purga

Stalin trabajó durante años para consolidar su poder y, en 1929, se convirtió finalmente en el dictador de la URSS. Sin embargo, su trabajo estaba lejos de haber terminado. Muchos funcionarios del gobierno empezaron a desafiar su autoridad mientras el peligro de los nazis en Alemania y de los militaristas en Japón se hacía realidad. Algunos historiadores afirman que Stalin inició la Gran Purga para unificar la URSS y fortalecer el país antes de que esos peligros pudieran dominar a Rusia. Sin embargo, otros afirman que quería mantener su posición como dictador. Fueran cuales fueran sus motivos, Stalin lanzó una violenta campaña contra su oposición, que incluía a cualquiera que pudiera desafiar su poder. Esto significó que los miembros del gobierno de Lenin y los que habían apoyado a Trotsky se convirtieron en objetivos.

Se calcula que entre 1936 y 1938 fueron ejecutadas 750.000 personas. Más de un millón de personas fueron enviadas al Gulag. Los juicios de Moscú ayudaron a Stalin a destruir la reputación de sus enemigos y le dieron una excusa legítima para ejecutarlos. La Gran Purga también se conoció como el Gran Terror y dejó una huella duradera en la psique de la población rusa.

La purga comenzó en 1934 con el asesinato de Sergei Kírov, un líder bolchevique. De repente, los bolcheviques se encontraron a merced del gobierno que habían ayudado a crear.

Aunque la purga comenzó con la persecución de funcionarios políticos, pronto se extendió a artistas, campesinos, minorías étnicas, extranjeros, intelectuales, escritores e incluso soldados. Nadie estaba a salvo. Treinta mil soldados del Ejército Rojo fueron ejecutados después de que Stalin se convenciera de que planeaban derrocarlo. La brutalidad de Stalin no tenía límites; incluso creó una ley que establecía que las familias eran responsables de los crímenes cometidos por un miembro de la familia. Esto significaba que los niños a partir de doce años podían ser ejecutados.

Los que eran enviados al Gulag eran sometidos a torturas, condiciones horribles y ejecución, lo que significa que el número de personas asesinadas durante la Gran Purga probablemente superó las 750.000.

La Gran Purga fue condenada posteriormente por el sucesor de Stalin, pero ya era demasiado tarde. Cientos de miles de personas habían muerto y el ánimo de la población estaba destrozado. Grupos enteros de la sociedad rusa, como escritores e intelectuales, habían sido aniquilados. También garantizó que el pueblo dependiera del Estado y, por extensión, de Stalin.

La sociedad rusa bajo la URSS

La sociedad y la cultura rusas experimentaron numerosos cambios bajo el dominio de la URSS. Durante los primeros años tras la revolución, los artistas disfrutaron de una relativa libertad, experimentando con diversos estilos para crear un estilo único que definiría el arte soviético. Con Lenin, el gobierno promovió el arte porque quería que fuera accesible a todo el mundo. Sin embargo, la URSS mantenía una estricta vigilancia sobre los intelectuales, incluidos escritores y artistas. Si los artistas criticaban a la URSS o parecían estar en contra del gobierno, se enfrentaban al exilio, a duros castigos, a la ejecución o a la prohibición de trabajar. El gobierno apoyó muchas tendencias diferentes, lo que condujo a una era de experimentación. Se fomentó especialmente el cine, ya que podía influir en el público analfabeto.

Sin embargo, las cosas se pusieron más difíciles para los artistas bajo el gobierno de Stalin. Stalin fomentó el realismo socialista y reprimió otras tendencias. Muchos escritores también fueron duramente perseguidos durante esta época. No sería hasta la década de 1950 cuando la censura se relajaría durante el deshielo de Jrushchov.

Capítulo 10: La gran guerra Patria y la Guerra Fría

Cuando se formó la URSS, se convirtió en el primer estado comunista del mundo. Los comunistas y socialistas de todo el mundo tenían grandes esperanzas de que tuviera éxito. Sin embargo, los defectos del sistema no tardaron en hacerse patentes y el Estado no alcanzó los elevados ideales pregonados por los bolcheviques. En realidad, el camino hacia el comunismo puro estuvo plagado de hambrunas, disturbios y violentas purgas políticas.

Sin embargo, estos acontecimientos convirtieron a Rusia en una gran potencia. Cuando terminó la Segunda Guerra Mundial, tanto Rusia como Estados Unidos emergían como países prominentes. Con el tiempo se enzarzarían en un conflicto conocido como la Guerra Fría.

Preludio de la Segunda Guerra Mundial

En 1938, Francia, el Reino Unido e Italia firmaron el Acuerdo de Múnich con Alemania, por el que se cedía territorio checoslovaco a Alemania. Dado que Francia había hecho un pacto militar con Checoslovaquia unos años antes, el Acuerdo de Múnich pasó a conocerse como la Traición de Múnich.

Alemania, gobernada entonces por Adolf Hitler, no había dejado de crecer en poder e influencia, a pesar de las cuantiosas reparaciones de guerra que se vio obligada a pagar tras la Primera Guerra Mundial. Un año después, la Unión Soviética firmó un pacto de no agresión con la Alemania nazi. Más tarde, en los juicios de Nuremberg se revelaría que la

Unión Soviética y la Alemania nazi planeaban repartirse los territorios de Polonia, Lituania, Rumanía, Finlandia y Estonia.

El 1 de septiembre de 1939, Alemania invadió Polonia, lo que marcó el comienzo de la Segunda Guerra Mundial. Stalin lanzó su propia invasión de Polonia unos días después. Stalin también invadió y anexionó partes de Rumanía, Estonia, Lituania y Letonia. Hubo conversaciones sobre la posibilidad de que la URSS se uniera a las Potencias del Eje con Alemania, Italia y Japón. Stalin llegó incluso a firmar un pacto de neutralidad con Japón, con quien Rusia había estado compitiendo por intereses en Extremo Oriente tras el colapso de la China imperial. Sin embargo, Stalin no estaba satisfecho con las ofertas alemanas y las negociaciones no tardaron en romperse. Intuía que algunos alemanes estaban interesados en invadir la URSS, pero no tenía ni idea de la inminente traición de Hitler.

Operación Barbarroja

El pacto de no agresión entre Alemania y la URSS supuso un duro golpe para las potencias aliadas, ya que Rusia y Alemania habían sido enemigas durante años. El pacto garantizaba que ningún país atacaría al otro durante al menos diez años. Poco después de que Alemania invadiera Polonia, Gran Bretaña y Francia declararon la guerra a Alemania. Al cabo de unos meses, Alemania lanzó la *Blitzkrieg*, que significa «guerra relámpago». La *Blitzkrieg* era un ataque por sorpresa que consistía en movimientos rápidos para desequilibrar al enemigo. Con esta táctica, Alemania conquistó Holanda, Luxemburgo, Francia y Bélgica.

La URSS estaba ocupada negociando una alianza con Alemania, pero Hitler probablemente nunca planeó cumplir el pacto de no agresión con la URSS. Su objetivo era expandirse hacia el este y colonizar la URSS, especialmente Ucrania. Todo ello formaba parte de su objetivo *Lebensraum* («espacio vital»), que pretendía garantizar la supervivencia del pueblo alemán permitiéndole colonizar territorios racialmente inferiores. Los nazis creían que los pueblos eslavos eran inferiores a la raza aria, la falsa idea de que los hablantes originales de las lenguas protoindoeuropeas eran superiores a todos los demás.

Líneas de ataque de la Operación Barbarroja
https://commons.wikimedia.org/wiki/File:Operation_Barbarossa_6_lines_of_attack_Why_We_Fight_no._5.jpg

En 1941, Hitler lanzó la Operación Barbarroja, es decir, la invasión alemana de la URSS. El objetivo de la operación era avanzar desde el puerto de Arcángel a lo largo del río Volga hasta el puerto de Astracán. Hitler tenía a su disposición una de las fuerzas de invasión más impresionantes. Consistía en cerca del 80% de su *Wehrmacht* (las fuerzas armadas nazis). Hitler esperaba someter rápidamente a la URSS y estaba animado por el éxito de la *Blitzkrieg*.

La invasión fue especialmente brutal, ya que escuadrones de la muerte armados de las SS siguieron al ejército y mataron a civiles, especialmente judíos. También se ordenó a las fuerzas alemanas que mataran a todos los oficiales soviéticos. Muchos prisioneros de guerra soviéticos fueron ejecutados, lo que iba en contra de los protocolos de guerra internacionales. El ejército soviético fue cogido prácticamente desprevenido, lo que permitió a los alemanes obtener grandes ganancias territoriales.

A pesar de su sorpresa, el ejército soviético fue capaz de defenderse enérgicamente. Por alguna razón, Hitler decidió ordenar a su ejército que avanzara hacia Moscú en lugar de hacia Ucrania. La *Wehrmacht* logró capturar Kiev y sitiar Leningrado. La situación de Rusia parecía desesperada, sobre todo porque los ciudadanos de Leningrado empezaron a padecer de hambre. Los animales desaparecieron y hubo informes de canibalismo. Alrededor de 800.000 personas murieron en los 900 días que duró el asedio; esa cifra equivalía aproximadamente a la de británicos y estadounidenses muertos en la Segunda Guerra Mundial juntos. Rusia sufrió la peor parte en términos de bajas, con casi catorce millones de muertos al final de la guerra.

Liberación de la URSS

Aunque Hitler esperaba obligar a Rusia a rendirse, se encontró con una dura resistencia. En octubre, lanzó la Operación Tifón, cuyo objetivo era capturar Moscú. Sin embargo, los soviéticos habían reunido más tropas y equipo. Para empeorar las cosas, las carreteras rusas se llenaron de barro y se hicieron difíciles de transitar durante los meses de otoño. Esto se conocía como *Rasputitsa* («temporada de lodazales») y era algo que los soviéticos estaban acostumbrados a gestionar. Sin embargo, la *Wehrmacht* no tardó en empantanarse. A medida que los alemanes se retrasaban, los soviéticos se preparaban para hacerles frente. Así, cuando los alemanes llegaron finalmente a Moscú, se encontraron con un fuerte ejército soviético.

Durante los brutales meses de invierno, el ejército alemán se vio finalmente obligado a retirarse. La Operación Barbarroja había fracasado, en parte porque Hitler no había conseguido crear líneas de suministro que reforzaran a su ejército mientras luchaban en un territorio duro y desconocido. La resistencia de los rusos también desempeñó un papel importante. Aunque la operación había debilitado al ejército soviético, las brutales tácticas alemanas habían hecho que los soviéticos estuvieran decididos a luchar contra Alemania hasta el amargo final. En lugar de obtener una rápida victoria sobre un territorio enorme, Hitler se había creado un enemigo peligroso.

En 1942, Hitler ordenó otra ofensiva contra la URSS, que finalmente fracasó. La batalla de Stalingrado, que tuvo lugar entre 1942 y 1943, consiguió incluso volver las tornas en contra de Hitler. El sitio de Leningrado no se levantaría hasta principios de 1944. Los rusos demostraron que su resistencia era mayor de lo que Alemania había previsto.

Finalmente, las potencias aliadas consiguieron doblegar al ejército de Hitler. A principios de 1945, las tropas soviéticas invadieron Polonia y liberaron Auschwitz. Encontraron campos de concentración nazis y sacaron a la luz los horrores perpetrados por la Alemania nazi durante la guerra. Fueron los primeros en llegar a Berlín, donde tuvo lugar una dura batalla entre los alemanes que aún creían en la causa nazi y los soldados soviéticos.

Guerra contra Japón

Aunque Alemania había sido derrotada contundentemente, la guerra aún no había terminado. En agosto de 1945, la URSS declaró la guerra a Japón e invadió la Manchuria ocupada por Japón (noreste de China). Dos días antes, los estadounidenses habían lanzado una bomba nuclear sobre Hiroshima con el objetivo de obligar a Japón a rendirse. Sin embargo, los japoneses no sabían qué hacer a continuación. Algunos no creían que los estadounidenses fueran a cumplir su promesa de bombardear otra ciudad. Algunos ni siquiera creían que EE. UU. hubiera bombardeado la ciudad y querían enviar una misión de investigación para descubrir la verdad. Los japoneses no tenían mucho tiempo para hacerlo, ya que Estados Unidos había puesto una fecha límite a la rendición incondicional de Japón. Además, los japoneses no tuvieron en cuenta al ejército soviético, ya que creían que los soviéticos no estarían lo suficientemente coordinados como para atacarlos hasta el año siguiente.

La URSS invadió Manchuria con un millón de soldados, superando ampliamente en número al ejército japonés, que contaba con unos 700.000 soldados. La invasión de Manchuria demostró rápidamente a los japoneses que no serían capaces de resistir ataques sostenidos de los Aliados, y el emperador Hirohito empezó a reconsiderar los términos de su rendición. El 9 de agosto se lanzó otra bomba atómica sobre Nagasaki. Aproximadamente una semana después, el emperador Hirohito anunció la rendición de Japón. El 2 de septiembre de 1945, los representantes japoneses firmaron el Instrumento de Rendición, que marcaba la rendición oficial de Japón.

Los efectos de la guerra

En cuanto se hizo evidente que la guerra iba a terminar, los líderes aliados se reunieron en Yalta para discutir lo que ocurriría una vez finalizada la guerra. Los alemanes habían conquistado muchos territorios, y era necesario discutir qué pasaría con esos territorios una vez que los alemanes fueran derrotados. El primer ministro británico Winston Churchill abogaba por elecciones y gobiernos democráticos en Europa, especialmente en Polonia. Mientras tanto, Joseph Stalin quería crear gobiernos leales a la URSS que sirvieran de zonas colchón en caso de que Alemania intentara atacar de nuevo a la URSS.

La Conferencia de Yalta decidió que Polonia sería gobernada por un gobierno provisional comunista durante un tiempo, y que Alemania y Berlín serían ocupadas por Estados Unidos, Gran Bretaña, la URSS y Francia. En agosto de 1945, las potencias aliadas volvieron a reunirse en Potsdam, Alemania. Para entonces, el presidente estadounidense Franklin D. Roosevelt había muerto. Su sucesor, el presidente Harry Truman, desconfiaba de Stalin y de sus motivos.

Durante la guerra, Stalin aplicó una política defensiva de tierra quemada, destruyendo todo lo que pudiera haber servido para ayudar a los alemanes. Esto significaba que partes de Rusia tenían que reconstruirse después de la guerra. Stalin participó en muchas conferencias de los Aliados, incluida la Conferencia de Teherán. Consiguió mantener su alianza con los países aliados mientras expandía el Imperio soviético.

Líderes aliados en la Conferencia de Teherán de 1943
https://commons.wikimedia.org/wiki/File:Allied_leaders_at_the_1943_Tehran_Conference.jpg

La Unión Soviética ocupó Rumanía, Bulgaria, Hungría, Polonia y Alemania Oriental. Durante la guerra, los soviéticos ayudaron a instaurar dictaduras comunistas en muchos de los países que ocuparon. En 1949, los soviéticos crearon la República Democrática Alemana Comunista en la zona de ocupación soviético-alemana.

Tras el fin de la guerra, más de un millón de soldados soviéticos permanecieron estacionados en Europa del Este. En 1946, Winston

Churchill dijo que era como si un telón de acero hubiera caído sobre el continente. Muchos consideraron las palabras de Churchill como el primer disparo de la Guerra Fría.

La primera crisis de Berlín de 1948

Mientras se fraguaba la Guerra Fría, la situación en Berlín empeoraba. Aunque Berlín estaba situada en la zona de ocupación soviética de Alemania, también había sido dividida entre los demás Aliados. La parte occidental de la ciudad estaba controlada por los Aliados, mientras que la oriental por los soviéticos. Pronto se hizo evidente que ambos bandos tenían visiones muy diferentes de la Alemania de posguerra. Los soviéticos querían castigar a Alemania haciéndole pagar cuantiosas indemnizaciones y utilizar sus industrias para ayudar a la URSS a recuperarse de la guerra. Los aliados querían ayudar a Alemania a recuperarse de la guerra para evitar la expansión del comunismo.

En 1948, los aliados decidieron combinar sus zonas y crear el estado de Bizonia, un estado alemán occidental con una moneda estable. Los soviéticos se opusieron a este plan y se retiraron del Consejo de Control Aliado, creado para coordinar la ocupación de las zonas. Las potencias aliadas introdujeron una nueva moneda llamada marco alemán, y los soviéticos respondieron liberando su propia moneda, el Ostmark. Los soviéticos también bloquearon todos los accesos a Berlín Occidental. El bloqueo impidió que la población civil del sector occidental de la ciudad recibiera alimentos, electricidad y otros suministros. Dos días más tarde, se llevó a cabo una operación conjunta de socorro estadounidense y británica. Fue la mayor operación de ayuda aérea de la historia. Más de dos millones de toneladas de suministros llegaron a Berlín Occidental a lo largo de once meses.

Los soviéticos esperaban que los Aliados abandonaran Berlín Occidental, pero la misión de socorro lo impidió. El bloqueo se levantó en 1949, pero la división entre Berlín Oriental y Occidental persistió.

La Guerra Fría

Al final de la Segunda Guerra Mundial, Estados Unidos y la Unión Soviética se convirtieron en potencias mundiales dominantes. Sin embargo, tenían ideologías políticas diametralmente opuestas. Los estadounidenses consideraban que la política soviética era una amenaza que había que contener. Muchos funcionarios estadounidenses se dedicaron a contener la expansión soviética, que ya se estaba produciendo en Europa del Este. Para ello, los estadounidenses decidieron utilizar la fuerza militar para contener la expansión comunista, lo que llevó a un aumento masivo del gasto en defensa. Durante esta época, el desarrollo de bombas atómicas iba en aumento. En 1949, la URSS probó su bomba atómica, lo que llevó a Estados Unidos a desarrollar la bomba de hidrógeno. La naturaleza de estas armas elevó las apuestas de la Guerra Fría a niveles sin precedentes.

Los dos países se enzarzaron en una mortífera carrera armamentística en la que trataban de superarse mutuamente. Cuando se probó la primera bomba de hidrógeno en las Islas Marshall, destruyó una isla, provocó una bola de fuego de veinticinco millas cuadradas y abrió un agujero en el fondo del océano. Para colmo, estas pruebas lanzaron residuos nucleares a la atmósfera. La Guerra Fría inauguró la era de las armas nucleares, y se hizo alarmantemente evidente cuáles serían sus consecuencias. Aunque los dos países se enfrentaron en guerras indirectas, nunca llegaron a una guerra declarada.

La muerte de Stalin

Tras la guerra, Stalin continuó su reinado del terror, que incluyó purgas, exilios y ejecuciones. Introdujo a los soviéticos en la era nuclear y estableció numerosos gobiernos comunistas. En 1950, permitió que el líder comunista de Corea del Norte, Kim Il Sung, invadiera Corea del Sur, que contaba con el apoyo de Estados Unidos. Esto condujo a la guerra de Corea.

Stalin pudo ser responsable de unos veinte millones de muertes durante su mandato, por lo que no es de extrañar que se volviera increíblemente paranoico durante sus últimos años. Murió en 1953 de un derrame cerebral. Su cuerpo fue embalsamado y enterrado en el Mausoleo de Lenin en Moscú. En 1961, su cuerpo fue trasladado y enterrado cerca del Kremlin. A Stalin le sucedió Nikita Jrushchov, que inició el proceso de desestalinización.

Pacto de Varsovia

En 1955, Estados Unidos y otros miembros de la Organización del Tratado del Atlántico Norte (OTAN) decidieron permitir que Alemania Occidental formara parte de la OTAN y se remilitarizara. La URSS vio en ello una amenaza directa a su poder y respondió con su propio tratado. El Pacto de Varsovia se firmó en Varsovia e incluía a Polonia, Albania, la URSS, Rumania, Alemania Oriental, Bulgaria, Hungría y Checoslovaquia. El tratado garantizaba que, si alguno de los países incluidos en el tratado era atacado, los demás países tendrían que defender al país atacado.

Esencialmente, el Pacto de Varsovia estableció un poder militar unido que sería comandado por el mariscal Iván Kónev de la URSS.

El Pacto de Varsovia duró hasta 1991, pero Albania lo abandonó después de pedir ayuda a la China comunista cuando el líder soviético, Nikita Jrushchov, se apartó del marxismo. Con el ascenso de gobiernos no comunistas en Europa del Este en 1990, el Pacto de Varsovia se hizo cada vez más ineficaz hasta su disolución final.

Crisis de los misiles cubanos de 1962

En 1959, el líder revolucionario Fidel Castro se hizo con el control de Cuba y se alió con la URSS. Con el tiempo, Cuba necesitó que los soviéticos le proporcionaran ayuda económica y militar. En 1962, un piloto espía estadounidense fotografió misiles soviéticos en Cuba. El presidente estadounidense John F. Kennedy respondió convocando a un grupo de asesores que formaron el comité ejecutivo conocido como ExComm (Comité Ejecutivo del Consejo de Seguridad Nacional). Tanto EE. UU. como la URSS lidiaron con la crisis diplomática, que podría haber acabado fácilmente en una guerra abierta.

Durante años, la Guerra Fría se había decantado a favor de Occidente, que disponía de armas nucleares en Turquía y Europa Occidental. Sin embargo, Cuba estaba alarmantemente cerca de territorio estadounidense, lo que significaba que los soviéticos podrían devastar Estados Unidos más fácilmente con sus misiles nucleares.

Estados Unidos lanzó la fallida invasión de bahía de Cochinos, lo que llevó a Castro y a la URSS a buscar una forma de disuadir otra invasión. La presencia soviética en Cuba era inaceptable para los estadounidenses, así que enviaron buques estadounidenses para impedir que los barcos soviéticos se acercaran a la isla. Fue una maniobra arriesgada, ya que los soviéticos podrían haber roto el bloqueo, lo que sin duda habría llevado a la guerra. Los estadounidenses empezaron a almacenar suministros porque se temían lo peor.

Afortunadamente, los barcos soviéticos no intentaron romper el bloqueo. La situación continuó durante una semana mientras las dos superpotencias mundiales se comunicaban entre sí. Finalmente, ambos países llegaron a un acuerdo. Kruschev prometió retirar sus misiles de Cuba si EE. UU. se comprometía a no invadir Cuba y retiraba sus misiles de Turquía. Ambas partes aceptaron el acuerdo y se evitó una guerra nuclear.

Carrera espacial

La Carrera espacial, que formaba parte de la Guerra Fría, se convirtió en un importante ámbito de competición entre Estados Unidos y la URSS. El espacio había sido bautizado como la próxima frontera, y ambos países estaban decididos a demostrar su superioridad en este nuevo escenario. En 1957, los soviéticos lanzaron el Sputnik (que significa «compañero de viaje»), que fue el primer objeto fabricado por el hombre que se puso en órbita terrestre. Los soviéticos utilizaron un misil balístico intercontinental R-7 para lanzar el Sputnik, lo que permitió a los rusos hacer incursiones en la exploración espacial. Con ello, la URSS mostraba su poderío militar al resto del mundo.

Este giro sorprendió y disgustó a los estadounidenses. Estados Unidos estaba decidido a no permitir que la URSS ganara demasiado terreno en la exploración espacial.

En 1958, los estadounidenses lanzaron el Explorer I, su primer satélite, que inició la Carrera espacial. Ese mismo año, el presidente Dwight D. Eisenhower creó la Administración Nacional de Aeronáutica y del Espacio (NASA por sus siglas en inglés). En 1961, los soviéticos lanzaron al primer hombre al espacio, otro gran logro. A pesar de las muchas primicias de los soviéticos en el espacio, se cree que los estadounidenses ganaron la carrera espacial en 1969, cuando Neil Armstrong se convirtió en el primer hombre en pisar la Luna.

Tratados SALT y Tratado sobre Misiles Antibalísticos

Las Conversaciones sobre Limitación de Armas Estratégicas (SALT por sus siglas en inglés) fueron dos conferencias a las que asistieron estadounidenses y soviéticos y que dieron lugar a tratados internacionales. Estas conferencias se conocieron como SALT I y SALT II. La primera ronda de negociaciones comenzó en 1969 en Helsinki, Finlandia. Se creó el Tratado sobre Misiles Antibalísticos (también conocido como Tratado ABM). El Tratado ABM era un tratado de control de armas que pretendía reducir la producción de más armas nucleares y disuadir a ambos países de utilizar armas de destrucción masiva. El tratado garantizaba que ambas naciones solo tuvieran dos complejos de misiles con solo cien misiles antibalísticos. El tratado se mantendría en vigor durante tres décadas.

La segunda conferencia SALT tuvo lugar de 1972 a 1979 y pretendía reducir la producción de armas nucleares estratégicas. Este tratado prohibió nuevos programas de misiles y limitó a ambas partes el desarrollo de nuevos misiles estratégicos. Los términos de este tratado solo durarían hasta 1985. Poco después de la firma del tratado, los soviéticos invadieron Afganistán y Estados Unidos decidió no ratificar los términos del acuerdo. Sin embargo, ambas partes se adhirieron al tratado durante unos años más.

Mientras tanto, la URSS experimentaba el proceso de desestalinización. Pocos años después de la negociación del tratado SALT II, la URSS se disolvería oficialmente.

Capítulo 11: De la desestalinización a la República de Rusia

José Stalin fue un dictador brutal que dejó su huella en la URSS. Ayudó a convertir su nación en una superpotencia mundial, pero sus métodos también causaron graves consecuencias a los soviéticos. Su sucesor, Nikita Jrushchov, estaba decidido a no recurrir a los mismos métodos e inició un periodo de desestalinización, durante el cual trabajó para deshacer el culto a la personalidad que había surgido en torno a Stalin.

Mientras la URSS competía con Estados Unidos durante la Guerra Fría, la Unión Soviética atravesaba varios cambios importantes y un periodo de estancamiento. Con el tiempo, la URSS se disolvería, con el infame desastre de Chernóbil (*Chornóbyl* en ucraniano) desempeñando un papel en la caída del estado comunista. Rusia emergería como una república independiente, pero los efectos de la privatización darían lugar a una nueva y fascinante clase en la sociedad rusa conocida como los oligarcas. Este nuevo periodo de la historia rusa estaría liderado por dos figuras controvertidas: Boris Yeltsin y Vladimir Putin.

Nikita Jrushchov

Kruschev nació en un pequeño pueblo ruso en 1894. Cuando era adolescente, se trasladó a la ciudad minera de Yuzovka, donde trabajó como obrero metalúrgico. Se unió a los bolcheviques en 1918, tras la revolución triunfante. En aquella época, muchos jóvenes idealistas se unieron al partido porque creían que el comunismo era la respuesta a los problemas de Rusia y querían formar parte del nuevo régimen.

Más tarde, Jrushchov se trasladó a Moscú, donde alcanzó prominencia dentro del gobierno comunista. Llegó a formar parte del círculo íntimo de Stalin. Jrushchov consiguió sobrevivir a la paranoia de Stalin y a numerosas purgas políticas.

Durante la Segunda Guerra Mundial, luchó contra la Alemania nazi y ayudó a reconstruir el país tras el fin de la guerra. También obtuvo méritos cuando reprimió los levantamientos nacionalistas en Ucrania. Seis meses después de la muerte de Stalin, Jrushchov se convirtió en el jefe del Partido Comunista, lo que lo convirtió en una de las personas más poderosas de la URSS.

Nikita Jrushchov
https://commons.wikimedia.org/wiki/File:Nikita_Khruchchev_Colour.jpg

Jrushchov gobernaba la URSS con otros funcionarios bajo una dirección colectiva. En aquel momento, Georgi Malenkov era el primer ministro de la URSS. En 1955, Malenkov fue sustituido por Nikolái

Bulganin, uno de los aliados de Jrushchov. En 1958, el propio Jrushchov se convirtió en primer ministro de la URSS.

Políticas de desestalinización

Aunque Jrushchov había sido uno de los subordinados más fiables de Stalin, más tarde criticó las políticas, las tácticas brutales, los actos egoístas y el liderazgo mediocre de Stalin. En 1961, trasladó los restos de Stalin y rebautizó la ciudad de Stalingrado con el nombre de Volgogrado. Estas palabras y acciones inspiraron a los manifestantes de Polonia y Hungría a buscar más autonomía. Mientras que los polacos fueron reprimidos pacíficamente, la rebelión húngara fue recibida con tanques y soldados. En 1956 murieron unos 2.500 húngaros y 13.000 resultaron heridos.

Jrushchov continuó el proceso de desestalinización y trabajó para deshacer la mitología en torno a Stalin. Hizo declaraciones oficiales al Partido Comunista de la Unión Soviética para eliminar algunos de los aspectos hiperbólicos del legado de Stalin y culpó a este de aterrorizar al partido. Jrushchov promulgó varias políticas que confirmaron la importancia del liderazgo colectivo, ayudaron a rehabilitar a algunos que habían sido aterrorizados por Stalin, adoptaron políticas exteriores más flexibles y eliminaron la amenaza del terror de la vida cotidiana. Pronto, este proceso se aceleró y el nombre de Stalin fue retirado de los lugares que llevaban su nombre, sus escritos fueron retirados de las bibliotecas y sus bustos, estatuas y retratos fueron descolgados. Los intelectuales gozaron de mayor libertad, ya que se relajaron las políticas de censura.

Mientras tanto, Jrushchov trabajó duro para mejorar la producción agrícola. También debilitó la policía secreta, dejó en libertad a muchos presos políticos, animó a los extranjeros a visitar el país, lanzó la era espacial y suavizó la censura a los artistas. El programa espacial soviético se considera desde hace tiempo un gran éxito.

El programa espacial soviético

Cuando la URSS lanzó el Sputnik 1, fue el primer objeto fabricado por el hombre en orbitar la Tierra, pero no fue muy celebrado. De hecho, no se anunció al público soviético hasta el día siguiente. Sin embargo, otros países se percataron de ello. El Sputnik I tenía varias capacidades interactivas. Los operadores de radio de todo el mundo podían llamar al Sputnik I y escucharlo pitar mientras orbitaba la Tierra. El Sputnik I fue un logro asombroso que marcó el comienzo de una nueva e interesante era en la historia de la humanidad.

Sello de correos de 1959 con la imagen de Laika
https://commons.wikimedia.org/wiki/File:Posta_Romana_-_1959_-_Laika_120_B.jpg

A continuación, los soviéticos intentaron enviar animales al espacio. Laika, la primera perra en ser enviada al espacio, era una callejera recogida de las calles de Moscú. No sobrevivió al viaje. Más tarde, en 1960, los soviéticos enviaron a dos perras, Belka y Strelka, que fueron al espacio, pero regresaron al día siguiente sanas y salvas.

Los soviéticos fueron los primeros en enviar varias sondas a la Luna y, en 1966, la sonda llamada «Luna 9» llegó sana y salva a la Luna y tomó las primeras fotografías de primer plano de la superficie lunar. En 1961, los soviéticos enviaron al primer hombre al espacio. Yuri Gagarin dio una vuelta a la Tierra en una nave espacial soviética antes de aterrizar sano y salvo en la Tierra. De la noche a la mañana se convirtió en una celebridad y se utilizó para promocionar el programa espacial. En 1963, los soviéticos enviaron a la primera mujer al espacio. Valentina Tereshkova pasó tres días en órbita y más tarde se convirtió en ingeniera cosmonauta e influyente funcionaria del gobierno. En 1965, Alekséi Leónov se convirtió en la primera persona en realizar un paseo espacial.

Finalmente, los soviéticos consiguieron poner un rover en la Luna. El Lunokhod 1 tenía ocho ruedas, cuatro cámaras, un espectrómetro de rayos X y otros aparatos fascinantes. Transmitió desde la superficie lunar durante aproximadamente un año mientras analizaba muestras del suelo y enviaba imágenes de la superficie lunar al programa espacial. Al cabo de un año, dejó de transmitir. El programa espacial soviético permaneció activo hasta la disolución de la URSS.

Época de estancamiento

Jrushchov tenía grandes planes para la URSS, y en 1961 afirmó que la URSS estaba a solo veinte años de alcanzar el comunismo total. Sin embargo, su popularidad no tardó en disminuir, ya que se hizo evidente que sus políticas no estaban funcionando tan bien como deberían. Mucha gente también pensó que había gestionado mal la crisis de los misiles de Cuba.

En 1964, Jrushchov fue derrocado por sus rivales políticos. Fue sucedido por un liderazgo colectivo encabezado por Leonid Brézhnev. El gobierno soviético se centró en iniciar varias reformas económicas que funcionaron al principio, lo que provocó el florecimiento de la URSS. Sin embargo, la ineficacia de la burocracia soviética y una planificación central inadecuada condujeron a un periodo de estancamiento tras el apogeo experimentado a principios de la década de 1970.

Los planificadores económicos de Moscú daban prioridad a varios planes quinquenales y, a continuación, establecían objetivos y cuotas que debían cumplir los funcionarios soviéticos a nivel local. Sin embargo, este sistema tenía muy poca flexibilidad, lo que resultaría desastroso. El auge de la economía soviética que se produjo entre 1965 y principios de la década de 1970 provocó un rápido crecimiento de la burocracia soviética. Pronto hubo más burócratas y oficinistas que trabajadores industriales. Además, la economía era cada vez más compleja, lo que dificultaba su control.

La economía soviética sufría un crecimiento lento. Durante años, los soviéticos habían gastado enormes cantidades en el ejército, y la corrupción se hizo rampante. Mientras la URSS presumía de un increíble crecimiento técnico e industrial, el sector agrícola se descuidaba cada vez más. Esto tuvo consecuencias desastrosas, ya que la URSS acabó por no producir suficiente grano para alimentar a su población. Moscú tuvo que depender de las importaciones extranjeras de grano, lo que provocó un notable déficit comercial y afectó a la reputación de la URSS. La escasez de grano y productos de consumo provocó un descenso del nivel de vida. La gente se veía obligada a esperar durante horas para comprar artículos básicos, mientras que los artículos eléctricos, los coches, la ropa y el calzado escaseaban. Los productos fabricados en la URSS eran notoriamente de baja calidad, pero los fabricados en Occidente eran casi imposibles de obtener. La era del estancamiento debilitó gravemente a la URSS, dejándola sin preparación para futuras dificultades.

Mijaíl Gorbachov

Mijaíl Gorbachov nació en 1931 en la región del Cáucaso Norte, perteneciente a la Unión Soviética. Su familia era pobre y creció durante el reinado de Stalin. Cuando aún estaba en la escuela, se unió a la organización política juvenil soviética, donde fue elegido líder de su grupo local y más tarde pasó a formar parte del comité de distrito. Cuando Gorbachov tuvo edad suficiente, se afilió al Partido Comunista e ingresó en la Universidad Estatal de Moscú, donde estudió Derecho. Durante su estancia en la universidad, se casó con una estudiante de filosofía llamada Raisa Titarenko. Tras graduarse, empezó a ascender en las filas del Partido Comunista.

Durante la desestalinización de Jrushchov, Gorbachov apoyó con entusiasmo su política. Ocupó diversos cargos en el gobierno y vio de primera mano los problemas causados por el estancamiento. Debido a su educación como campesino, también era muy consciente de las penurias a las que se enfrentaba el pueblo de la Unión Soviética. En 1985 se convirtió en secretario general, lo que esencialmente le convirtió en el líder de la Unión Soviética.

Mijaíl Gorbachov
The Official CTBTO Photostream, CC BY 2.0 <https://creativecommons.org/licenses/by/2.0>, vía Wikimedia Commons; https://commons.wikimedia.org/wiki/File:Gorbachev_(cropped).png

Aunque Gorbachov apoyaba los ideales socialistas, creía que la Unión Soviética necesitaba una amplia reforma. Introdujo varias políticas, como la *glasnost* y la *perestroika*. Gorbachov también inició algunas políticas de democratización y formó el Congreso de los Diputados del Pueblo, que estaría compuesto por cargos electos. Esto supuso una amenaza para el Estado unipartidista, y sus políticas enfurecieron a los estrictos seguidores marxistas-leninistas.

Políticas de *perestroika* y *glasnost*

Nada más llegar al poder, Gorbachov pronunció un discurso en el que destacaba los problemas económicos a los que se enfrentaba la Unión Soviética. Afirmó que el sistema económico era ineficaz, lo que lo convirtió en el primer líder soviético en criticar públicamente a su propio gobierno. También abordó estas cuestiones cuando habló ante el Congreso del Partido Comunista. Durante este tiempo, abogó por amplias reformas o reestructuraciones políticas y económicas, que se denominarían *perestroika*. También pretendía iniciar una nueva era de transparencia, que se llamaría *glasnost*.

Gorbachov fue fiel a su palabra y empezó a relajar sistemáticamente el control del gobierno sobre las empresas, las granjas y los fabricantes. Se liberó a los ciudadanos de los estrictos controles de precios y se redujo el poder de muchos comités centrales del gobierno. Estas políticas animaron a las empresas a trabajar para obtener beneficios. Gorbachov también permitió aspectos del capitalismo de libre mercado en la Unión Soviética, lo que permitió a la gente abrir tiendas, industrias y restaurantes. Estas empresas cooperativas limitadas constituirían más tarde la base del sistema oligárquico, que prevalece en la Rusia actual. Por desgracia, las reformas de Gorbachov fueron contraproducentes, ya que el costo de los alimentos subió y los trabajadores empezaron a hacer huelga para exigir salarios más altos. Para empeorar las cosas, tuvo que enfrentarse a la reacción del Partido Comunista, ya que muchos pensaban que estaba traicionando los ideales comunistas. Los partidos más liberales lo acusaron de no hacer suficientes cambios.

Además de reformar la economía, Gorbachov también trabajó en la reestructuración del sistema político. En 1988, puso en marcha planes para celebrar las primeras elecciones democráticas en Rusia desde 1917. Esto permitió a muchos funcionarios hacer campaña por un puesto en el nuevo Congreso de los Diputados del Pueblo. Gracias a la *glasnost*, se levantaron muchas normas de censura, lo que permitió a la prensa informar honestamente sobre las campañas. En 1990, Gorbachov se convirtió en el primer presidente de la URSS. También retiró las tropas soviéticas de Afganistán y empezó a relacionarse con líderes occidentales, sobre todo con el presidente estadounidense Ronald Reagan.

Aunque Gorbachov había depositado grandes esperanzas en la reestructuración del gobierno soviético, sus políticas acabaron fracasando y condujeron al rápido final de la Unión Soviética.

La catástrofe de Chernóbil

Tras la Segunda Guerra Mundial, la URSS comenzó a invertir fuertemente en energía y armamento nuclear, como demuestran los acontecimientos de la Guerra Fría. En 1977, científicos soviéticos instalaron reactores nucleares en una central de Chernóbil, Ucrania. Unos años más tarde, en 1986, los trabajadores realizaron una prueba para comprobar si el reactor se enfriaría en caso de que la central se quedara sin energía. Desgraciadamente, los trabajadores hicieron caso omiso de varios protocolos de seguridad, lo que provocó una subida de tensión. Los trabajadores intentaron apagar el reactor, pero era demasiado tarde, ya que otra subida de tensión desencadenó una serie de explosiones que dejaron al descubierto el núcleo del reactor y liberaron materiales radiactivos al exterior. Los bomberos intentaron apagar el fuego y contener la contaminación. Chernóbil y Prípiat (una ciudad cercana que albergaba a las personas que trabajaban en la central) no fueron evacuadas hasta unas treinta y seis horas después de la explosión.

El gobierno soviético intentó ocultar el desastre, pero la radiación se había extendido hasta Suecia, lo que obligó al gobierno soviético a hacer un anuncio sobre el desastre. El desastre liberó a la atmósfera el 30% del uranio de Chernóbil y los soviéticos tuvieron que evacuar a 335.000 personas de un radio de 19 millas alrededor del reactor. Esta área pasó a conocerse como la zona de exclusión. Unas veintiocho personas murieron en el accidente, mientras que cien resultaron heridas.

El desastre contribuyó al fin de la Unión Soviética y dio inicio al movimiento antinuclear mundial.

Caída del Muro de Berlín

En 1961, el gobierno comunista de Alemania Oriental construyó un enorme muro para separar Berlín Oriental de Berlín Occidental. El propósito oficial del muro era impedir que los fascistas occidentales entraran en Berlín Oriental, pero la verdad era que mucha gente estaba desertando de Berlín Oriental a Berlín Occidental. El muro contenía a la gente. Antes del muro, los ciudadanos podían circular libremente entre los dos lados de la ciudad, pero el muro puso fin a esa situación. Pocas personas podían cruzarlo. El muro separaba a las familias e impedía a los refugiados huir de Alemania Oriental.

En 1989, un portavoz del Partido Comunista de Berlín Oriental anunció que la gente era libre de cruzar la frontera. Unos dos millones de personas de Berlín Oriental visitaron la parte occidental de la ciudad, lo que dio lugar a una fiesta callejera masiva. Pronto, la gente cogió martillos y picos para derribar trozos del muro. Grúas y excavadoras empezaron a retirar secciones del Muro de Berlín hasta que finalmente cayó. En 1990, Alemania Oriental y Occidental se reunificaron.

Disolución de la URSS

Gorbachov pretendía mejorar las relaciones de la Unión Soviética con el resto del mundo, ya que esperaba que esto pudiera ayudar a la economía soviética. Se retiró de la carrera armamentística, a pesar de que el presidente estadounidense Ronald Reagan había iniciado una concentración militar masiva. También redujo las tropas soviéticas en Europa del Este y retiró sus tropas de la controvertida guerra de Afganistán. En 1989 se produjo una revolución en Polonia, donde los sindicalistas no comunistas negociaron exitosamente la celebración de elecciones libres. Esto desencadenó más revoluciones en Europa del Este. Checoslovaquia derrocó a su gobierno comunista y los países de la Unión Soviética empezaron a declarar su independencia de Rusia.

Los esfuerzos de Gorbachov por poner fin a la Guerra Fría le valieron el Premio Nobel de la Paz en 1990. En 1991, Gorbachov fue puesto bajo arresto domiciliario por miembros del Partido Comunista. El golpe pareció tener éxito y se declaró el estado de emergencia.

Los militares intentaron tomar Moscú, pero los ciudadanos rusos formaron barricadas y cadenas humanas para detener a los tanques y proteger el Parlamento ruso. Boris Yeltsin, que presidía el Parlamento, apoyó los esfuerzos de los civiles. Al final, el golpe fracasó. Yeltsin se puso encima de un tanque frente al Parlamento para impedir el avance de los militares. En diciembre, Bielorrusia se separó de la URSS. Le siguieron otros ocho países, y muchos más ya se habían separado, como Ucrania y Armenia. Yeltsin tomó el control del KGB (la agencia de seguridad de la URSS) y del Parlamento, y el 25 de diciembre de 1991, Gorbachov dimitió como presidente. La URSS había caído oficialmente.

Borís Yeltsin

Boris Yeltsin nació en 1931 en los montes Urales. Su familia era pobre, ya que sus abuelos campesinos habían sido desarraigados durante el gobierno de Stalin. Su padre había sido enviado al Gulag. En 1949, Yeltsin estudió en el Instituto Politécnico de los Urales. Se hizo ingeniero civil y se casó con Naina Iosifovna Girina. En 1961 se afilió al Partido Comunista y ascendió rápidamente en el gobierno. Yeltsin fue llamado a Moscú por Gorbachov y luchó contra la corrupción en el gobierno. Sin embargo, en 1987 perdió su puesto tras enfrentarse a Gorbachov. En 1990, Yeltsin se convirtió en presidente del Parlamento ruso y abandonó el Partido Comunista. En 1991, fue elegido presidente de Rusia.

Boris Yeltsin
Kremlin.ru, CC BY 3.0 <https://creativecommons.org/licenses/by/3.0>, via Wikimedia Commons; https://commons.wikimedia.org/wiki/File:%D0%91%D0%BE%D1%80%D0%B8%D1%81_%D0%9D%D0%B8%D0%BA%D0%BE%D0%BB%D0%B0%D0%B5%D0%B2%D0%B8%D1%87_%D0%95%D0%BB%D1%8C%D1%86%D0%B8%D0%BD-1_(cropped)_(cropped).jpg

Yeltsin comenzó inmediatamente a desmantelar la Unión Soviética y el Partido Comunista. Eliminó muchos controles de precios y privatizó importantes activos estatales. Yeltsin también adoptó muchos principios de libre mercado, permitiendo la existencia de la bolsa de valores, los bancos privados y las bolsas de materias primas. Esto provocó un aumento de la inflación y un alto costo de la vida. Unos pocos oligarcas selectos pudieron hacerse con el control de los activos estatales privatizados y se hicieron increíblemente ricos en poco tiempo. Desgraciadamente, la corrupción, la delincuencia y el descenso de la producción industrial se convirtieron en moneda corriente. Yeltsin permitió la entrada de la cultura occidental en Rusia, apoyó la libertad de prensa, acordó la reducción de armas nucleares y retiró soldados de Europa del Este.

En 1999, Yeltsin sorprendió al mundo al dimitir de su cargo y pedir perdón por sus errores pasados. A continuación, cedió el poder a su sucesor, Vladimir Putin.

Primera y segunda guerras chechenas

La primera guerra de Chechenia fue una guerra de independencia librada por la República Chechena de Ichkeria contra Rusia. Tuvo lugar entre 1994 y 1996. La guerra fue una respuesta al intento ruso de derrocar en secreto al gobierno de Ichkeria. Aunque los rusos tenían ventaja en cuanto a potencia de fuego, tecnología militar, armas y soldados, les resultó difícil derrotar a la guerrilla chechena. El ejército ruso estaba desmoralizado porque no avanzaba mucho, y la opinión pública rusa se oponía firmemente a la guerra. El gobierno de Yeltsin se vio obligado a declarar un alto el fuego en 1996, que dio lugar a un tratado de paz en 1997.

La segunda guerra de Chechenia tuvo lugar de 1999 a 2009. En 1999, soldados islámicos tomaron la región rusa de Daguestán y la declararon Estado independiente. En 2009, los rusos habían puesto fin en gran medida a los combates. Los rusos abandonaron Chechenia, y la policía local se encargó de hacer frente a cualquier insurgencia menor. El líder en el exilio del gobierno separatista acabó pidiendo el fin de la resistencia, poniendo fin al conflicto.

Vladimir Putin

Vladimir Putin nació en 1952 en Leningrado (actual San Petersburgo). Estudió Derecho en la Universidad Estatal de Leningrado. Tras licenciarse, se convirtió en oficial de inteligencia exterior del KGB. En 1991 se retiró del KGB, y en 1994 se convirtió en el primer vicepresidente de San Petersburgo. En 1996, se trasladó a Moscú y ascendió dentro del gobierno. Putin se ganó la reputación de saber hacer las cosas. En 1998, se convirtió en director del FSB (el Servicio Federal de Seguridad, sucesor del KGB). Finalmente, en 1999, Putin fue elegido sucesor de Yeltsin y se convirtió en presidente. Putin demostró ser un líder sensato que lanzó una exitosa operación contra los rebeldes de Chechenia.

Putin contribuyó a la recuperación de la economía, a lo que contribuyó la subida de los precios del petróleo. Fomentó el crecimiento económico, lo que mejoró su popularidad entre el gobierno ruso. En 2008, se vio obligado a dimitir de su cargo debido a una disposición constitucional. Eligió como sucesor a Dmitri Medvédev, que fue nombrado primer ministro. Aunque Medvédev ocupaba el cargo de presidente, Putin seguía siendo el que mandaba. En 2012, Putin fue reelegido presidente y nombró a Medvédev primer ministro. Tras enfrentarse a una gran oposición, Putin consiguió sofocar los movimientos de protesta y encarcelar a los líderes de la oposición.

Vladimir Putin

Kremlin.ru, CC BY 4.0 <https://creativecommons.org/licenses/by/4.0>, vía Wikimedia Commons; https://commons.wikimedia.org/wiki/File:Vladimir_Putin_17-11-2021_(cropped).jpg

Durante el tercer mandato de Putin como presidente, Rusia se anexionó Crimea y posteriormente patrocinó una guerra en el este de Ucrania. Estas acciones provocaron sanciones internacionales que causaron una crisis financiera en Rusia. Durante su cuarto mandato como presidente, ordenó un refuerzo militar en la frontera de Ucrania y luego acusó al gobierno ucraniano de perseguir a su minoría rusoparlante (aunque la historia podría contar una historia diferente más adelante, por el momento, se cree que son acusaciones falsas). Putin ordenó la invasión de Ucrania en 2022, lo que provocó un aumento de las sanciones y la condena internacional. Muchos han pedido que Putin sea procesado por crímenes de guerra.

Capítulo 12: Arte, literatura y ciencia rusas

A lo largo de la dilatada historia de Rusia, su arte y su cultura han experimentado varios cambios significativos. Los acontecimientos culminantes que tuvieron lugar en la historia del país sirvieron de inspiración para algunas de las obras literarias y musicales más influyentes del mundo. En varios periodos de su historia, Rusia albergó ciudades que se convirtieron en centros intelectuales y atrajeron a eruditos de todo el mundo. Ello propició importantes avances en materias como la ciencia y las matemáticas.

Este capítulo explora las vidas y logros de algunos de los músicos, escritores y científicos rusos más talentosos e influyentes. Estos personajes ofrecen una visión única de los distintos periodos en los que vivieron.

Los grandes músicos rusos

- **Chaikovski**

Piotr Ilich Chaikovski nació en 1840 en Kamsko-Votkinsk (Rusia). Era el segundo de seis hermanos y su padre era director de una empresa metalúrgica. Desde su infancia, Chaikovski mostró interés por la música y escribió su primera canción a los cuatro años. En 1845 empezó a tomar clases de piano y estudió las obras de Chopin y Friedrich Kalkbrenner. En aquella época, en las escuelas rusas no se enseñaba música, por lo que los padres de Chaikovski organizaron una carrera en la administración pública. En 1850, ingresó en la Escuela Imperial de Jurisprudencia de San Petersburgo. Era un estudiante popular que sacaba buenas notas. En esa época, estableció intensos lazos afectivos con varios de sus compañeros.

Piotr Ilich Chaikovski, hacia 1870
https://commons.wikimedia.org/wiki/File:Pyotr_Tchaikovsky_%D1%81._1870.jpg

En su adolescencia, el padre de Chaikovski invitó a un profesor profesional a dar clases a Chaikovski. El profesor de canto italiano Luigi Piccioli ejerció una gran influencia sobre él, lo que lo llevó a apasionarse por la música italiana. En 1861 viajó a Alemania, Francia e Inglaterra. Más tarde asistió a la recién fundada Sociedad Musical Rusa. En 1865, Johann Strauss (hijo) dirigió las Danzas características de Chaikovski en Pavlovsk. Sería la primera vez que su obra se interpretaba en público. Mientras trabajaba como profesor para la Sociedad Musical Rusa (más tarde Conservatorio de Moscú), produjo su primera ópera, *El voivoda*, y su primera sinfonía, la *Sinfonía n.º 1 en sol menor*.

Con el tiempo, su música se hizo cada vez más popular en Rusia y en todo el mundo. Chaikovski se hizo famoso por su colorida orquestación y sus impresionantes armonías. Llegó a escribir siete sinfonías, tres ballets, cinco suites, tres conciertos para piano, un concierto para violín, once oberturas, cuatro cantatas, tres cuartetos de cuerda, un sexteto de cuerda, veinte obras corales y más de cien canciones. Según la tradición, murió en 1893 por complicaciones derivadas del cólera. Sin embargo, algunos especulan con que se suicidó.

Aunque Chaikovski fue muy criticado en vida, se convirtió en un icono nacional en la Unión Soviética. Experimentó muchas críticas porque los rusos no lo consideraban suficientemente «nacional» y demasiado europeo. Aunque Rusia niega que Chaikovski fuera gay, todos sus biógrafos coinciden en que lo era, pero que lo mantuvo en privado durante la mayor parte de su vida. Las cartas de Chaikovski son una prueba definitiva de su orientación sexual, ya que escribió sobre su enamoramiento de su criado y su sobrino.

- **Rajmáninov**

Serguéi Rajmáninov nació en 1873 en la finca de sus abuelos, en el distrito de Nóvgorod. Su padre era oficial del ejército, y se suponía que Rajmáninov también se alistaría, pero su padre perdió la fortuna familiar y abandonó a su familia. El primo de Rajmáninov, Alexander Ziloti, que era pianista y director de orquesta, se fijó en el talento del muchacho y consiguió que estudiara música en Moscú. Rajmáninov recibió clases de Nikolái Zvérev y más tarde asistió al Conservatorio de Moscú.

Tras graduarse en el conservatorio, ganó una medalla de oro por su ópera *Aleko*, basada en un poema de Pushkin. Sus dos composiciones, *Preludio en do sostenido menor* y *Concierto para piano n.º 2 en do menor*, le lanzaron al estrellato. El joven músico sufrió ataques de inseguridad y depresión, pero fue ayudado por el psiquiatra Nikolái Dahl, quien supuestamente ayudó a Rajmáninov a recuperar la confianza en sí mismo. En 1905, Rajmáninov trabajó en el Teatro Bolshói y fue testigo directo de los acontecimientos de la Revolución de 1905.

Más tarde, se trasladó con su familia a Dresde, donde escribió tres importantes partituras. Realizó varias giras musicales por Estados Unidos, que fueron un éxito. Rajmáninov fue invitado a trabajar en la Sinfónica de Boston, pero declinó la oferta para regresar a Rusia.

Tras la Revolución Rusa, Rajmáninov se autoexilió y pasó temporadas entre Estados Unidos y Suiza. El alejamiento de su país natal tuvo un grave impacto negativo en su capacidad creativa. Llevó una vida bastante aislada a partir de entonces y escribió algunas piezas más antes de su muerte en 1943.

- **Rimski-Kórsakov**

Nikolái Rimski-Kórsakov nació cerca de Nóvgorod en 1844, en el seno de una familia aristocrática. Mostró afinidad por la música a una edad temprana, pero fue enviado a estudiar a la Escuela Naval Imperial Rusa de San Petersburgo, tras lo cual se alistó en la Armada rusa. Mientras

Rimski-Kórsakov estaba en la marina, completó su primera sinfonía, lo que lo convirtió en el primer ruso en componer una. Completó dos obras más antes de abandonar la marina en 1873. Rimski-Kórsakov trabajó con un grupo de compositores que a menudo colaboraban y editaban las obras de los demás. El grupo llegó a ser conocido como «Los Cinco».

Rimski-Kórsakov fue en gran parte autodidacta, pero llegó a ser profesor de composición y orquestación en el Conservatorio de San Petersburgo. Produjo muchas obras orquestales e influyó en compositores posteriores. En 1905, Rimski-Kórsakov fue despedido del conservatorio debido a sus opiniones políticas, pero fue readmitido una vez que algunos de sus colegas dimitieron en señal de protesta. Su ópera *El gallito de oro* criticaba duramente a la Rusia imperial y fue prohibida. Murió en 1908 y fue enterrado en San Petersburgo.

- **Stravinski**

Ígor Stravinski nació en 1882 cerca de San Petersburgo. Su padre trabajaba como bajo cantante en el Teatro Mariinsky de San Petersburgo. Más tarde, Stravinski estudió Derecho, pero se pasó a la composición. Rimski-Kórsakov era entonces el director del Conservatorio Ruso y se ofreció a dar clases particulares a Stravinski, que aceptó encantado.

Durante la Primera Guerra Mundial, Stravinski se trasladó a Suiza y más tarde a París, donde escribió ballets y otras composiciones. Le encantaba explorar diferentes aspectos del arte y la literatura. Stravinski trabajó con Serguéi Diáguilev, Pablo Picasso, Jean Cocteau y George Balanchine.

Ígor Stravinski
https://commons.wikimedia.org/wiki/File:Igor_Stravinsky_Essays.jpg

Stravinski fue conocido por sus innovadores ballets, que revolucionaron el género. Sus obras musicales abarcaron desde la ópera hasta el jazz, y experimentó con muchas formas clásicas de música. Stravinski fue un consumado pianista y director de orquesta. También trabajó como escritor y compiló la *Poética de la Música*. Stravinski se trasladó a Estados Unidos en 1939. Se nacionalizó estadounidense y permaneció allí hasta su muerte en 1971.

- **Shostakóvich**

Dmitri Shostakóvich nació en 1906 en San Petersburgo. Shostakóvich mostró un notable talento musical desde que empezó a tomar clases de piano a los nueve años. En 1918 compuso una marcha fúnebre y un año después ingresó en el Conservatorio de Petrogrado. Debutó en 1926 con la Orquesta Filarmónica de Leningrado, que interpretó su primera sinfonía. Fue bien recibida, y el público exigió una repetición.

Se dice que Shostakóvich era un hombre obsesivo con la limpieza y que se enviaba regularmente correo a sí mismo para comprobar que el servicio postal seguía funcionando. Sus compañeros decían que era vulnerable y receptivo, lo que probablemente aumentó la calidad de su música.

Alcanzó la fama en la Unión Soviética, pero algunas de sus obras, en particular su ópera *Lady Macbeth de Mtsensk*, fueron condenadas por el gobierno. Sufrió la censura del Estado, que en ocasiones controló su trabajo.

Su obra se caracterizaba a menudo por fuertes contrastes, influencias neoclásicas y elementos grotescos. Durante la Segunda Guerra Mundial compuso la *Sinfonía n.º 7*, escrita durante el asedio de Leningrado. Esta composición se convertiría en su obra bélica más famosa.

A Shostakóvich le encantaba utilizar diferentes técnicas musicales, lo que hacía que su obra fuera variada e interesante. El compositor estaba muy influido por las obras de Stravinski. También escribió mucha música para el cine y el teatro. Los expertos siguen debatiendo su obra, especialmente la naturaleza de su trabajo y sus sentimientos hacia el gobierno soviético. Se lo considera un genio de la música. Shostakóvich murió de un fallo cardíaco en 1975 en Moscú.

Escritores rusos famosos

- **León Tolstoi**

León Tolstoi nació en 1828 en la hacienda de su familia en la provincia rusa de Tula. Era el menor de cuatro hermanos y, al morir su madre, fue criado por una prima de su padre. Durante su infancia perdió a varios familiares cercanos, pero siempre recordó su niñez con cariño.

Tolstoi fue educado en casa por tutores franceses y alemanes. En 1843 asistió a la Universidad de Kazán, donde estudió lenguas orientales. No tuvo éxito y se vio obligado a cambiarse a Derecho. Sus excesivas juergas lo llevaron a abandonar la universidad sin licenciatura.

En 1847, Tolstoi regresó a la hacienda de sus padres, donde intentó convertirse en agricultor, pero su trabajo se vio interrumpido por sus frecuentes visitas sociales a Moscú y Tula. Durante este tiempo, empezó a llevar un diario, que lo ayudaría a desarrollar su capacidad de escritura.

León Tolstoi
https://commons.wikimedia.org/wiki/File:Leo_Tolstoy_portrait.jpg

Más tarde se alistó en el ejército y en 1855 luchó en la guerra de Crimea. Durante su estancia en el ejército, Tolstoi comenzó a trabajar en un relato titulado *Infancia*. Se convertiría en su primera obra publicada. Luego empezó a trabajar en un libro titulado *Los cosacos*, que detallaba la vida cotidiana en el ejército. Lo terminó después de dejar el ejército.

Cuando Tolstoi regresó a Rusia, descubrió que sus obras habían causado impacto en los círculos literarios rusos. Se negó a aliarse con ninguna escuela de pensamiento en particular y se declaró anarquista. Se marchó a París durante un tiempo, pero finalmente regresó a Rusia. En 1862 se casó con Sofía Andréievna Bers. En la década de 1860, Tolstoi dedicó su tiempo a crear una de sus grandes obras, *La guerra y la paz*. En 1873, comenzó a trabajar en *Anna Karenina*, que también fue aclamada por la crítica y el público.

Más tarde, Tolstoi sufrió una depresión causada por una crisis espiritual. Intentó encontrar las respuestas que buscaba en la Iglesia ortodoxa rusa, pero no quedó satisfecho con lo que encontró. Decidió entonces desarrollar sus propias creencias, lo que provocó que la Iglesia ortodoxa rusa lo expulsara de ella. Durante los últimos años de su vida, se consideró a sí mismo un líder religioso y se dejó influir por las enseñanzas de Mahatma Gandhi. Tolstoi murió en 1910.

- **Aleksandr Pushkin**

Aleksandr Pushkin nació en 1799 y más tarde se convirtió en el poeta más famoso de Rusia. Nació en el seno de una prestigiosa familia noble; muchos de sus antepasados habían desempeñado papeles influyentes en la historia rusa. Estudió en el Liceo de Tsarskoe Selo y se aficionó a la poesía francesa y al neoclasicismo ruso. Se graduó en 1817 y se dedicó a la política y la juerga.

Los primeros poemas de Pushkin comentaban a menudo los límites de la autocracia y más tarde serían utilizados por los decembristas, una organización militar que desafió al zar Nicolás I. Era conocido por romper las tradiciones poéticas, y su epopeya fingida, *Ruslán y Ludmila*, fue un éxito masivo. Sin embargo, sus opiniones políticas lo llevaron a exiliarse al sur de Rusia. Durante este tiempo, viajó mucho y escribió letras y poemas.

Aleksandr Pushkin
https://commons.wikimedia.org/wiki/File:AleksandrPushkin.jpg

Más tarde, Pushkin inventó una nueva estrofa en su poema *Eugenio Oneguin*. Finalmente fue liberado de su exilio, pero sufrió la censura del gobierno.

Su vida estuvo marcada por escándalos románticos y políticos que pusieron a prueba su posición en la corte real. En 1831 se casó con Natalia Goncharova. Era una belleza famosa que gozaba de una buena posición en la corte. Nicolás I se encaprichó de Natalia. Un monárquico francés, Georges-Charles de Heeckeren d'Anthès, también la perseguía, por lo que Pushkin lo retó a duelo. Pushkin perdió el duelo y murió de sus heridas unos dos días después.

Pushkin dejó un legado duradero en la literatura rusa, y el público ruso lloró su muerte.

- **Fiódor Dostoievski**

Fiódor Dostoievski nació en 1821 y fue el segundo de siete hermanos. Su padre era un cirujano militar retirado que trabajaba en el hospital Mariinsky para Pobres de Moscú, situado en una de las peores zonas de la ciudad. Dostoievski creció entre los pobres y desarrolló una profunda compasión por ellos, que se haría evidente en sus obras posteriores.

De niño, a Dostoievski le encantaba pasar tiempo con los pacientes del hospital de su padre, ya que le deleitaban con sus historias. En 1837 fue enviado a la Academia Militar de Ingeniería de San Petersburgo. Dostoievski sufrió epilepsia desde los nueve años; algunos de sus personajes también padecen esta enfermedad.

En 1844, Dostoievski comenzó a escribir ficción tras abandonar el ejército. Su primera novela corta, *Pobre pueblo*, fue muy bien acogida. En 1849 fue detenido por formar parte de un grupo intelectual liberal. Fue condenado a muerte, pena que más tarde le fue conmutada por cuatro años de exilio con trabajos forzados en un campo de trabajo siberiano.

Cuando Dostoievski regresó a San Petersburgo, fundó con su hermano una exitosa revista literaria. Su esposa y su hermano murieron en rápida sucesión, lo que lo sumió en una profunda depresión. Empezó a apostar y acumuló grandes deudas. Muchos afirman que su novela más conocida, *Crimen y castigo*, la terminó a toda prisa porque necesitaba un anticipo de su editor.

A Dostoievski se le atribuye la fundación del existencialismo y una aguda comprensión de la psicología humana. También logró plasmar en el papel el estado político, social y espiritual de Rusia, al tiempo que hacía su obra convincente. Es conocido como uno de los más grandes escritores de todos los tiempos e influyó en muchos otros escritores famosos, como Ernest Hemingway. Murió en 1881 tras sufrir múltiples hemorragias pulmonares.

- **Máximo Gorki**

Aleksey Peshkov nació en 1868 en Nóvgorod. Más tarde adoptó el seudónimo de Máximo Gorki. Su padre era agente naviero y murió cuando Gorki tenía cinco años. Fue enviado a vivir con sus abuelos. Fue a la escuela hasta los ocho años, antes de ser enviado a ganarse la vida. Trabajó como recadero, lavaplatos y ayudante. Gorki empezó a leer muy joven, y pronto se convirtió en su pasión.

Gorki fue golpeado con frecuencia por sus patrones y terriblemente maltratado por su abuelo. Estas experiencias lo hicieron íntimamente consciente de los problemas a los que se enfrentaba la clase trabajadora rusa. Afirmaba que sus experiencias infantiles eran a menudo amargas, razón por la que eligió la palabra *gorky* (que significa «amargo») como seudónimo. De joven intentó suicidarse, pero sobrevivió y se convirtió en vagabundo.

Máximo Gorky
https://commons.wikimedia.org/wiki/File:Maxim_Gorky_LOC_Restored_edit1.jpg

En 1895 se publicó su relato «Chelkash», que fue aclamado por la crítica y lanzó su carrera. Sus obras fueron comparadas con las de León Tolstoi y Antón Chéjov. Gorki escribió una serie de novelas y obras de teatro que no fueron tan bien recibidas como sus obras anteriores. Más tarde se hizo marxista y apoyó al Partido Socialdemócrata.

Cuando los bolcheviques empezaron a cobrar importancia, entró en conflicto con Lenin, pero donó gran parte de sus ganancias al partido, que se convirtió en una de las principales fuentes de ingresos de los bolcheviques. En 1906 abandonó Rusia y se instaló en Italia. Aunque Gorki estaba de acuerdo con algunas de las políticas bolcheviques, se opuso a su toma del poder en 1917. Intentó ayudar a los escritores exiliados y encarcelados, pero Lenin se opuso y lo exilió en 1921.

En sus últimos años produjo algunas de sus mejores obras. Gorki murió repentinamente en 1936 mientras recibía tratamiento médico. Muchos especularon con que había sido asesinado por Stalin de forma encubierta, ya que criticaba abiertamente al gobierno de Stalin. La teoría tiene cierto fundamento, ya que Stalin no aceptaba bien las críticas.

- **Nikolái Gógol**

Nikolái Gógol nació en 1809 en Ucrania, que en aquella época formaba parte del Imperio ruso. Sus obras se convirtieron más tarde en algunas de las piezas más queridas de la literatura rusa. Es considerado el primer realista ruso, ya que a menudo utilizó el realismo cómico y la sátira con gran efecto. Su obra influyó en otros escritores rusos, como Iván Turguéniev, León Tolstoi y Fiódor Dostoievski.

Gógol nació en el seno de una familia noble, y su padre murió cuando él aún era un adolescente. Su madre lo educó como cristiano, lo que más tarde influiría en muchas de sus decisiones. En 1828, Gógol se trasladó a San Petersburgo, donde entabló amistad con Pushkin, que apoyó enormemente su carrera. Muchos de sus ingeniosos versos se convirtieron más tarde en dichos populares rusos. Su obra fue bien recibida y trabajó como profesor de historia en la Universidad de San Petersburgo.

Su obra *El inspector general* (también conocida como *El inspector del gobierno*) era una sátira mordaz de la burocracia rusa. Causó tanta controversia que Gógol decidió pasar los doce años siguientes en el extranjero. Encontró formas de eludir la censura política utilizando elementos fantásticos y sobrenaturales para suavizar todo aquello que ofendiera al gobierno. Su obra inspiró posteriormente a otros escritores soviéticos a utilizar los mismos métodos.

Gógol murió en 1852 tras quemar el manuscrito de su último libro, ya que era incapaz de conciliar sus creencias cristianas con sus escritos. Murió unos días más tarde después de meterse en la cama y negarse a consumir ningún alimento.

- **Antón Chéjov**

Antón Chéjov nació en 1860 en Taganrog, Rusia. Asistió a una escuela local para niños griegos. En 1879 se trasladó a Moscú, donde se matriculó en la universidad y estudió medicina. Su padre llevaba años sin poder trabajar, por lo que Chéjov se convirtió en el sostén de la familia. Trabajó durante un tiempo como periodista y escritor de historietas, lo que le sirvió para mantener a su familia y pagarse los estudios de medicina. En 1888, Chéjov ya era un escritor popular entre el gran público. Con el tiempo, se alejó de sus escritos cómicos y comenzó a centrarse en escritos serios que estudiaban la miseria y la desesperación.

Antón Chéjov en 1904
https://commons.wikimedia.org/wiki/File:Anton_Chekhov_1904.JPG

Las obras de Chéjov se hicieron famosas por exponer la naturaleza humana, mientras que sus obras de teatro y cuentos carecían a menudo de soluciones limpias. Su obra creaba una atmósfera única y a menudo se describía como inquietante. Era capaz de describir la vida rusa con sencillez, sin recurrir a recursos literarios.

Chéjov fue popular en Rusia durante la mayor parte de su vida, pero solo recibió atención internacional después de la Primera Guerra Mundial. Antón Chéjov murió en 1904 tras una larga batalla contra la tuberculosis.

- **Aleksandr Solzhenitsyn**

Aleksandr Solzhenitsyn nació en Rusia en 1918 en el seno de una familia que se oponía a la campaña antirreligiosa soviética y se aferraba a su fe ortodoxa rusa. De niño se hizo ateo y marxista-leninista. Sirvió como capitán en el ejército soviético durante la Segunda Guerra Mundial. Sin embargo, fue condenado a ocho años en el Gulag por criticar a José Stalin en una de sus cartas privadas.

Debido a su estancia en los campos, se hizo cristiano ortodoxo oriental. Una vez liberado del Gulag, Solzhenitsyn comenzó a escribir novelas sobre sus experiencias y la represión en la Unión Soviética. Su primera novela se publicó en 1862 con la aprobación de Nikita Jrushchov; en ella relataba con detalle la opresión de Stalin. En 1963, Solzhenitsyn publicó un libro titulado *El lugar de Matryona*, que sería el último que publicó en la Unión Soviética.

Una vez que Jrushchov abandonó el poder, el gobierno soviético disuadió a Solzhenitsyn de escribir más novelas. Solzhenitsyn siguió trabajando, pero publicó sus libros en otros países. Sus obras enfurecieron al gobierno soviético. En 1974, perdió la nacionalidad soviética y fue trasladado a Alemania Occidental. Dos años después se trasladó a Estados Unidos, donde siguió escribiendo. Durante este tiempo, criticó duramente el comunismo e intentó concienciar sobre la represión causada por la Unión Soviética. Recuperó la nacionalidad tras la disolución de la URSS y vivió en Rusia hasta su muerte en 2008.

Científicos rusos influyentes

- **Dimitri Mendeléyev**

Dimitri Mendeléyev nació en 1834 en Siberia. Su padre era director de escuela y profesor. Mendeléiev fue educado como cristiano ortodoxo y animado a buscar verdades científicas y divinas. Tuvo diecisiete hermanos, catorce de los cuales sobrevivieron a la infancia. Mendeléyev era el más joven.

En 1850 ingresó en el Instituto Pedagógico Principal de San Petersburgo. En 1861 publicó un libro de texto sobre química orgánica que le valió el premio Demidov de la Academia de Ciencias de San Petersburgo. En 1864 fue nombrado profesor del Instituto Tecnológico de San Petersburgo y, un año más tarde, impartió clases en la Universidad Estatal de San Petersburgo. Mendeléyev consiguió convertir San Petersburgo en un centro internacionalmente reconocido dedicado a la investigación química.

Dimitri Mendeléyev

https://pixel17.com , CC BY-SA 2.0 <https://creativecommons.org/licenses/by-sa/2.0>, vía Wikimedia Commons; https://commons.wikimedia.org/wiki/File:Dmitri_Mendeleev_(1834%E2%80%931907).jpg

En 1863 se conocían unos cincuenta y seis elementos químicos, pero los químicos descubrían nuevos elementos casi todos los años. Esto provocó un dilema, ya que los químicos trataban de organizar estos elementos de forma diferente. El libro de texto de Mendeléyev, *Principios de Química*, se convirtió en uno de los más influyentes de su época. Mientras trabajaba en el libro de texto, trató de ordenar los elementos según sus propiedades químicas. Pronto observó patrones que lo llevaron a crear la tabla periódica de los elementos. Más tarde, Mendeléyev publicó su tabla periódica en una revista e incluso predijo algunos elementos nuevos.

Hoy en día, Mendeléyev es conocido como el «Padre de la Tabla Periódica». Aunque su tabla periódica no estaba ni mucho menos acabada, dejaba margen para descubrimientos y mejoras. Mendeléyev murió en 1907 de gripe.

- **Mijaíl Lomonósov**

Mijaíl Lomonósov nació en 1711 en la aldea de Denisovka, que más tarde sería rebautizada en su honor. Nació en el seno de una familia pobre y llegó a Moscú a pie. Lomonósov tenía una curiosidad sin límites y una sed de conocimiento que no se satisfacía en su aldea rural, lo que lo hizo decidirse a buscar educación en otro lugar. Fue admitido en la Academia Eslava Grecolatina, donde progresó rápidamente.

En 1734 fue enviado a San Petersburgo, donde se distinguió y fue enviado a completar su educación en un país extranjero. Fue a la Universidad de Marburgo, en Hesse (Alemania), una de las más importantes de Europa. Allí estudió con el influyente filósofo alemán de la Ilustración Christian Wolff. Durante este tiempo, también comenzó a escribir poesía.

Cuando Lomonósov regresó a Rusia, alcanzó rápidamente la fama y fue nombrado profesor de química en la Universidad Estatal de San Petersburgo. Ayudó a fundar la Universidad Estatal de Moscú y llegó a ser secretario de Estado. Realizó numerosos descubrimientos científicos y mejoró enormemente la educación rusa.

Lomonósov fue también la primera persona que registró la congelación del mercurio. En 1745 publicó un exhaustivo catálogo de más de tres mil minerales y, unos años más tarde, fue capaz de explicar la formación de los icebergs.

Tenía intereses muy variados, entre ellos el antiguo arte de los mosaicos. Incluso creó una fábrica de vidrio que produjo los primeros mosaicos de vidrieras no italianas. Lomonósov realizó unos cuarenta grandes mosaicos. También reformó la lengua literaria rusa y escribió extensamente sobre teorías literarias. Lomonósov se interesó profundamente por la poesía, y su obra está considerada la mejor de su generación.

Lomonósov murió en San Petersburgo en 1765 y dejó tras de sí un legado como polímata y escritor dotado que revolucionó la literatura, la ciencia y la educación rusas. Gracias a sus esfuerzos, es uno de los científicos y escritores más conocidos e influyentes de la historia de Rusia.

- **Iván Pávlov**

Iván Pávlov nació en Rusia en 1849. Su padre era sacerdote, por lo que fue educado en una escuela eclesiástica y en un seminario teológico. Sin embargo, conoció las obras de I. M. Sechenov y Charles Darwin, lo que lo llevó a seguir una carrera científica. Estudió química y fisiología en la Universidad de San Petersburgo. Posteriormente estudió con Rudolf Heidenhain y Carl Ludwig, algunos de los fisiólogos más renombrados de la época.

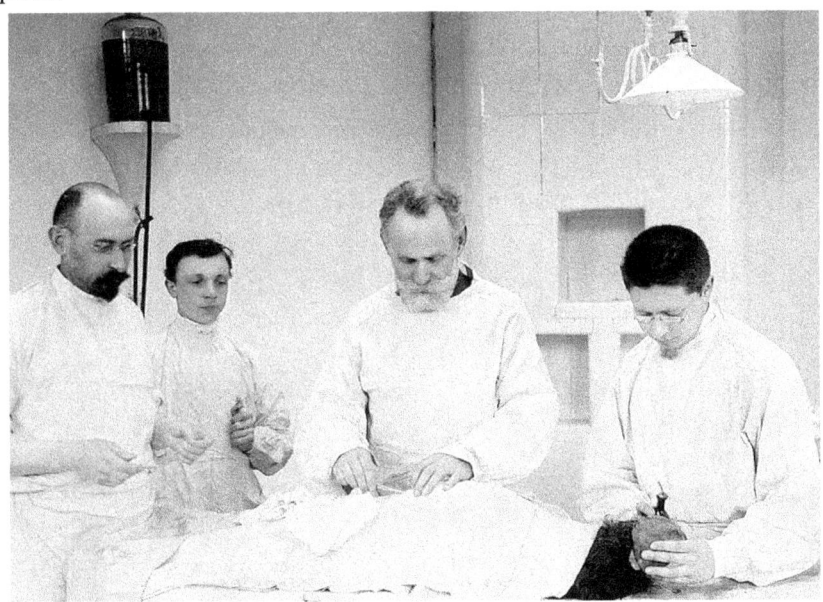

Iván Pávlov en su laboratorio

Vibha C Kashyap, CC BY-SA 4.0 <https://creativecommons.org/licenses/by-sa/4.0>, vía Wikimedia Commons; https://commons.wikimedia.org/wiki/File:Ivan_Pavlov_Laboratory.jpg

Pávlov estudió a fondo la digestión humana y adquirió un profundo conocimiento de las secreciones gástricas, y del papel de la mente y el cuerpo en el proceso digestivo. En 1897 publicó un libro titulado *Conferencias sobre el funcionamiento de las glándulas digestivas*. Su trabajo le valió el Premio Nobel de Fisiología en 1904. También recibió un doctorado honoris causa de la Universidad de Cambridge y la Orden de la Legión de Honor.

Pávlov es conocido sobre todo por sus investigaciones sobre los reflejos condicionados. Consiguió demostrar que los perros salivaban instintivamente ante la perspectiva de la comida. Más tarde, se dio cuenta de que los perros empezaban a salivar con solo ver a una persona con bata de laboratorio, ya que esas personas solían traerles comida. Aprendieron que la bata de laboratorio solía traer comida, lo que desencadenaba una respuesta incondicionada. A partir de entonces, Pávlov empezó a estudiar el condicionamiento. Descubrió que ciertos estímulos podían hacer que los perros los asociaran con comida, lo que desencadenaba una respuesta condicionada. Pávlov también descubrió cómo romper esa respuesta.

Aunque probó sus teorías en animales, los principios también podían aplicarse a los seres humanos. Pávlov creía que ciertos comportamientos de personas con problemas psicológicos eran respuestas condicionadas que podían desaprenderse. Más tarde se confirmarían sus teorías.

Pávlov siguió trabajando en su laboratorio hasta que murió en 1936 en Leningrado tras contraer una neumonía doble. Su laboratorio se convirtió en museo y se erigió un monumento en su honor.

Conclusión

Rusia es el país más grande del mundo y tiene una historia larga y variada. Aunque este libro no recoge todos los acontecimientos de la historia de Rusia, incluye algunos de los periodos, incidentes e individuos más importantes.

La primera sección de este libro trata de los primeros reinos eslavos, la invasión mongola y la época en que Rusia formó parte de la Horda de Oro. Estos acontecimientos dejaron una huella imborrable en Rusia. En un momento de la historia de Rusia, los eslavos fueron gobernados por príncipes vikingos que construyeron un poderoso estado. Los mongoles causaron estragos en Rusia, pero finalmente los príncipes rusos lograron derrocar a sus señores mongoles y construir una fuerte dinastía gobernante.

La segunda sección de este libro explora la cristianización de la Rus y el surgimiento del Imperio ruso, que comenzó con el Gran Ducado de Moscú. Finalmente, la dinastía Ruríkida fue reemplazada por los Románov tras un largo periodo de luchas políticas y económicas. Los Románov se mantuvieron en el poder durante algo más de tres siglos. Durante ese tiempo, varios líderes influyentes ocuparon el trono, entre ellos Pedro el Grande y Catalina la Grande. Aunque mantuvieron su autocracia absoluta, consiguieron reformar y modernizar el país. Sus esfuerzos ayudaron a construir el poderoso Imperio ruso, dividido entre eslavófilos y occidentalizadores. Ambos bandos pensaban que sabían lo que era mejor para Rusia. La Rusia imperial consiguió derrotar a Napoleón, pero se vio gravemente debilitada por la guerra de Crimea. A medida que las ideas de la revolución se imponían en Rusia, el zar Alejandro II intentó reformar su país para satisfacer algunas de las demandas de los revolucionarios. Desgraciadamente, esa labor fue deshecha por su sucesor, el zar Alejandro III, que era un firme eslavófilo.

En la tercera sección se analizan los acontecimientos de la Primera Guerra Mundial y la Revolución rusa. Los Románov fueron derrocados y la monarquía fue sustituida por el primer gobierno comunista del mundo bajo el mando de Lenin, que formó la URSS.

Por último, este libro analiza el gobierno de Stalin, la participación de Rusia en la Segunda Guerra Mundial y el inicio de la Guerra Fría. Durante este periodo, Rusia pertenecía a la Unión Soviética y presumía de una impresionante colección de armas nucleares y un floreciente programa espacial. Sin embargo, la URSS atravesó un periodo de estancamiento que la debilitó gravemente. La URSS no sobreviviría mucho tiempo más. Cuando se disolvió, sus activos estatales fueron privatizados.

La historia rusa está llena de acontecimientos interesantes y personajes fascinantes que mejoraron o empeoraron Rusia. Un conocimiento exhaustivo de la historia rusa contribuirá a ampliar la comprensión de la historia mundial y la actualidad. No cabe duda de que Rusia es noticia en los titulares en el momento de escribir estas líneas, y es probable que esa tendencia continúe en el futuro.

Vea más libros escritos por Enthralling History

Bibliografía

- Título: Russia: A Timeline
  Fecha de consulta: 11/8/2022
  Vínculo: https://www.history.com/topics/european-history/russia-timeline
- Título: Slavs and the Early Slav Culture
  Fecha de consulta: 11/8/2022
  Vínculo: https://www.encyclopedia.com/humanities/encyclopedias-almanacs-transcripts-and-maps/slavs-and-early-slav-culture
- Título: Slavs
  Fecha de consulta: 11/8/2022
  Vínculo: https://www.worldhistory.org/Slavs/
- Título: When Viking Kings and Queens Ruled Medieval Russia
  Fecha de consulta: 11/8/2022
  Vínculo: https://www.history.com/news/vikings-in-russia-kiev-rus-varangians-prince-oleg
- Título: Kievan Rus'
  Fecha de consulta: 11/8/2022
  Vínculo: https://www.worldhistory.org/Kievan_Rus/
- Título: Khazars
  Fecha de consulta: 11/8/2022
  Vínculo: https://cs.mcgill.ca/~rwest/wikispeedia/wpcd/wp/k/Khazars.htm
- Título: The Rise and Fall of Kievan Rus'
  Fecha de consulta: 11/8/2022

- Vínculo: https://www.themaparchive.com/the-rise-and-fall-of-kievan-rus/
- Título: Olga of Kiev: One Saint You Do Not Want to Mess With
  Fecha de consulta: 11/8/2022
  Vínculo: https://www.historyanswers.co.uk/medieval-renaissance/olga-of-kiev-one-saint-you-do-not-want-to-mess-with/
- Título: The Great Migration and Early Slavic History
  Fecha de consulta: 11/8/2022
  Vínculo: https://about-history.com/the-great-migration-and-early-slavic-history/
- Título: The Slavs and Byzantium
  Fecha de consulta: 11/8/2022
  Vínculo: https://unesdoc.unesco.org/ark:/48223/pf0000046109
- Título: Vladimir I and Christianization
  Fecha de consulta: 12/8/2022
  Vínculo: https://courses.lumenlearning.com/atd-herkimer-westerncivilization/chapter/vladimir-i-and-christianization/
- Título: Eastern Orthodox Church
  Fecha de consulta: 12/8/2022
  Vínculo: https://www.bbc.co.uk/religion/religions/christianity/subdivisions/easternorthodox_1.shtml#:~:text=The%20Orthodox%20tradition%20developed%20from,sometimes%20called%20'Byzantine%20Christianity'.
- Título: Christianity and the Slavic Folk Culture: The Mechanisms of Their Interaction
  Fecha de consulta: 12/8/2022
  Vínculo: https://www.mdpi.com/2077-1444/12/7/459/htm
- Título: Who Were the Mongols?
  Fecha de consulta: 12/8/2022
  Vínculo: https://www.nationalgeographic.com/culture/article/mongols
- Título: The Mongol Threat
  Fecha de consulta: 12/8/2022
  Vínculo: https://courses.lumenlearning.com/atd-herkimer-westerncivilization/chapter/the-mongol-threat/
- Título: Golden Horde
  Fecha de consulta: 12/8/2022

Vínculo: https://www.worldhistory.org/Golden_Horde/
- Título: Ivan I and the Rise of Moscow
  Fecha de consulta: 12/8/2022
  Vínculo: https://courses.lumenlearning.com/atd-herkimer-westerncivilization/chapter/ivan-i-and-the-rise-of-moscow/
- Título: Alexander Nevsky
  Fecha de consulta: 12/8/2022
  Vínculo: https://www.thoughtco.com/alexander-nevsky-profile-p2-1788255
- Título: Grand Duchy of Moscow
  Fecha de consulta: 22/8/2022
  Vínculo: https://courses.lumenlearning.com/suny-fmcc-boundless-worldhistory/chapter/the-grand-duchy-of-moscow/
- Título: Ivan III of Russia
  Fecha de consulta: 22/8/2022
  Vínculo: https://www.newworldencyclopedia.org/entry/Ivan_III_of_Russia
- Título: Why Was Ivan So Terrible?
  Fecha de consulta: 22/8/2022
  Vínculo: https://www.history.co.uk/articles/why-was-ivan-so-terrible
- Título: Three Terrible Things Ivan the Terrible Did
- Título: Rurikid Dynasty
  Fecha de consulta: 22/8/2022
  Vínculo: https://www.encyclopedia.com/history/encyclopedias-almanacs-transcripts-and-maps/rurikid-dynasty
- Título: Michael Romanov (Russia) (1596-1645; ruled 1613-1645)
  Fecha de consulta: 22/8/2022
  Vínculo: https://www.encyclopedia.com/history/encyclopedias-almanacs-transcripts-and-maps/michael-romanov-russia-1596-1645-ruled-1613-1645
- Título: The Romanov
  Fecha de consulta: 22/8/2022
  Vínculo: https://courses.lumenlearning.com/suny-hccc-worldcivilization/chapter/the-romanovs/

- Título: Peter the Great
  Fecha de consulta: 22/8/2022
  Vínculo: https://www.rmg.co.uk/stories/topics/peter-great
- Título: Russo-Persian Wars
  Fecha de consulta: 22/8/2022
  Vínculo: https://www.encyclopedia.com/history/encyclopedias-almanacs-transcripts-and-maps/russo-persian-wars
- Título: Peter the Great and his Legacy (1682-1762)
  Fecha de consulta: 22/8/2022
  Vínculo: http://web-static.nypl.org/exhibitions/russia/level3.html
- Título: Peter the Great
  Fecha de consulta: 22/8/2022
  Vínculo: https://www.biography.com/political-figure/peter-the-great
- Título: Peter the Great Dies
  Fecha de consulta: 24/8/2022
  Vínculo: https://www.history.com/this-day-in-history/peter-the-great-dies
- Título: The Brief Reign of Peter III
  Fecha de consulta: 24/8/2022
  Vínculo: https://courses.lumenlearning.com/suny-hccc-worldhistory2/chapter/the-brief-reign-of-peter-iii/
- Título: Catherine the Great (1729-1796)
  Fecha de consulta: 24/8/2022
  Vínculo: https://www.bbc.co.uk/history/historic_figures/catherine_the_great.shtml
- Título: How Did Catherine the Great's Reign Shape Imperial Russian History
  Fecha de consulta: 24/8/2022
  Vínculo: https://www.thebritishacademy.ac.uk/blog/how-did-catherine-the-great-reign-shape-imperial-russian-history/
- Título: 10 Facts About the Russian Enlightenment
  Fecha de consulta: 24/8/2022
  Vínculo: https://www.historyhit.com/facts-about-the-russian-enlightenment/
- Título: Pugachev's Rebellion: 5 Questions about the biggest uprising in Russia's history

Fecha de consulta: 24/8/2022

Vínculo: https://www.rbth.com/history/326277-5-questions-about-pugachevs-rebellion

- Título: The Imperial Russian Army 1725-1796

  Fecha de consulta: 24/8/2022

  Vínculo: https://Vínculo.springer.com/chapter/10.1007/978-0-230-10822-6_4

- Título: Orthodox Russia

  Fecha de consulta: 24/8/2022

  Vínculo: https://www.psupress.org/books/titles/0-271-02349-X.html

- Título: Russian Northern Expeditions (18th-19th Centuries)

  Fecha de consulta: 24/8/2022

  Vínculo: https://www.whoi.edu/beaufortgyre/history/history_russian1819.html

- Título: What Really Happened After Peter the Great Died?

  Fecha de consulta: 24/8/2022

  Vínculo: https://www.grunge.com/716399/what-really-happened-after-peter-the-great-died/

- Título: Peter II

  Fecha de consulta: 24/8/2022

  Vínculo: http://www.saint-petersburg.com/royal-family/peter-ii/

- Título: Why Peter the Great Tortured and Killed His Own Son

  Fecha de consulta: 24/8/2022

  Vínculo: https://www.history.com/news/peter-the-great-tortured-killed-own-son#:~:text=But%20even%20those%20royals%20might,for%20allegedly%20conspiring%20against%20him.

- Título: The Seven Years War 1756-1763

  Fecha de consulta: 24/8/2022

  Vínculo: https://www.thoughtco.com/the-seven-years-war-1756-1763-1222020

- Título: Jun 24, 1812 CE: Napoleon Invades Russia

  Fecha de consulta: 25/8/2022

  Vínculo: https://education.nationalgeographic.org/resource/napoleon-invades-russia

- Título: Why Napoleon's Invasion of Russia Was the Beginning of the End
  Fecha de consulta: 25/8/2022
  Vínculo: https://www.history.com/news/napoleons-disastrous-invasion-of-russia
- Título: Napoleon Defeated at Waterloo
  Fecha de consulta: 25/8/2022
  Vínculo: https://www.history.com/this-day-in-history/napoleon-defeated-at-waterloo
- Título: Nicholas I of Russia
  Fecha de consulta: 25/8/2022
  Vínculo: https://www.newworldencyclopedia.org/entry/Nicholas_I_of_Russia
- Título: The Decembrist Revolt
  Fecha de consulta: 25/8/2022
  Vínculo: https://courses.lumenlearning.com/suny-hccc-worldhistory2/chapter/the-decembrist-revolt/
- Título: The Russo-Turkish War, 1828-1829
  Fecha de consulta: 25/8/2022
  Vínculo: https://academic.oup.com/british-academy-scholarship-online/book/35530/chapter-abstract/305708973?redirectedFrom=fulltext#no-access-message
- Título: Poland's 'largest uprising' EVER took place 153 years ago today
  Fecha de consulta: 25/8/2022
  Vínculo: https://www.thefirstnews.com/article/polands-largest-uprising-ever-took-place-153-years-ago-today-4354
- Título: Russo-Persian Wars
  Fecha de consulta: 25/8/2022
  Vínculo: https://www.encyclopedia.com/history/encyclopedias-almanacs-transcripts-and-maps/russo-persian-wars
- Título: The Westerners and the Slavophiles
  Fecha de consulta: 25/8/2022
  Vínculo: https://courses.lumenlearning.com/suny-hccc-worldhistory2/chapter/the-westerners-and-the-slavophiles/
- Título: Crimean War
  Fecha de consulta: 25/8/2022

- Vínculo: https://www.history.com/topics/european-history/crimean-war
- Título: The Outcome of the Crimean War
  Fecha de consulta: 25/8/2022
  Vínculo: https://www.historic-uk.com/HistoryUK/HistoryofBritain/Outcome-Crimean-War/#:~:text=On%2030th%20March%201856%2C%20the,the%20Ottoman%20Empire%20and%20Sardinia.
- Título: Alexander II of Russia
  Fecha de consulta: 25/8/2022
  Vínculo: https://www.newworldencyclopedia.org/entry/Alexander_II_of_Russia
- Título: The Emancipation of the Russian Serfs, 1861
  Fecha de consulta: 25/8/2022
  Vínculo: https://www.historytoday.com/archive/emancipation-russian-serfs-1861
- Título: Russo-Turkish War
  Fecha de consulta: 25/8/2022
  Vínculo: https://www.encyclopedia.com/history/encyclopedias-almanacs-transcripts-and-maps/russo-turkish-war
- Título: U.S takes possession of Alaska
  Fecha de consulta: 25/8/2022
  Vínculo: https://www.history.com/this-day-in-history/u-s-takes-possession-of-alaska
- Título: Czar Alexander II assassinated in St. Petersburg
  Fecha de consulta: 25/8/2022
  Vínculo: https://www.history.com/this-day-in-history/czar-alexander-ii-assassinated
- Título: Alexander III of Russia
  Fecha de consulta: 25/8/2022
  Vínculo: https://www.newworldencyclopedia.org/entry/Alexander_III_of_Russia
- Título: May Laws
  Fecha de consulta: 25/8/2022
  Vínculo: https://www.encyclopedia.com/religion/encyclopedias-almanacs-transcripts-and-maps/may-laws

- Título: Review: The Franco-Russian Alliance
  Fecha de consulta: 25/8/2022
  Vínculo: https://www.jstor.org/stable/45336751
- Título: Trans-Siberian Railroad
  Fecha de consulta: 25/8/2022
  Vínculo: https://www.britannica.com/topic/Trans-Siberian-Railroad
- Título: Nicholas II (1868-1918)
  Fecha de consulta: 27/08/2022
  Vínculo: https://www.bbc.co.uk/history/historic_figures/nicholas_ii.shtml
- Título: 1905 Russian Revolution
  Fecha de consulta: 27/08/2022
  Vínculo: https://www.newworldencyclopedia.org/entry/1905_Russian_Revolution
- Título: Bloody Sunday Massacre in Russia
  Fecha de consulta: 27/08/2022
  Vínculo: https://www.history.com/this-day-in-history/bloody-sunday-massacre-in-russia
- Título: The Duma in Russian History
  Fecha de consulta: 27/08/2022
  Vínculo: https://www.thoughtco.com/duma-in-russian-history-1221805
- Título: Russo-Japanese War
  Fecha de consulta: 27/08/2022
  Vínculo: https://www.history.com/topics/asian-history/russo-japanese-war
- Título: How World War I Fueled the Russian Revolution
  Fecha de consulta: 27/08/2022
  Vínculo: https://www.history.com/news/world-war-i-russian-revolution
- Título: Grigori Rasputin
  Fecha de consulta: 27/08/2022
  Vínculo: https://www.newworldencyclopedia.org/entry/Grigori_Rasputin
- Título: Russian Revolution
  Fecha de consulta: 27/08/2022
  Vínculo: https://www.history.com/topics/european-history/russian-revolution

- Título: Why Czar Nicholas II and the Romanovs Were Murdered
  Fecha de consulta: 27/08/2022
  Vínculo: https://www.history.com/news/romanov-family-murder-execution-reasons
- Título: Vladimir Lenin
  Fecha de consulta: 30/08/2022
  Vínculo: https://www.history.com/topics/european-history/vladimir-lenin
- Título: Leon Trotsky
  Fecha de consulta: 30/08/2022
  Vínculo: https://www.biography.com/scholar/leon-trotsky
- Título: Nov 7, 1917, CE: October Revolution
  Fecha de consulta: 30/08/2022
  Vínculo: https://education.nationalgeographic.org/resource/october-revolution
- Título: Bolsheviks Revolt in Russia
  Fecha de consulta: 30/08/2022
  Vínculo: https://www.history.com/this-day-in-history/bolsheviks-revolt-in-russia
- Título: An Anti-Bolshevik Alternative
  Fecha de consulta: 30/08/2022
  Vínculo: https://uwpress.wisc.edu/books/5573.htm
- Título: The Russian Civil War
  Fecha de consulta: 30/08/2022
  Vínculo: https://courses.lumenlearning.com/suny-hccc-worldhistory2/chapter/the-russian-civil-war/
- Título: Karl Marx
  Fecha de consulta: 30/08/2022
  Vínculo: https://www.history.com/topics/european-history/karl-marx
- Título: Joseph Stalin
  Fecha de consulta: 30/08/2022
  Vínculo: https://www.history.com/topics/european-history/joseph-stalin
- Título: Formation of the Soviet Union
  Fecha de consulta: 30/08/2022
  Vínculo: https://courses.lumenlearning.com/suny-hccc-worldhistory2/chapter/formation-of-the-soviet-union/

- Título: The New Economic Policy
  Fecha de consulta: 30/08/2022
  Vínculo: https://alphahistory.com/russianrevolution/new-economic-policy-nep/#:~:text=The%20NEP%20replaced%20war%20communism,the%20sale%20of%20surplus%20goods.
- Título: Soviet Union
  Fecha de consulta: 30/08/2022
  Vínculo: https://www.history.com/topics/european-history/history-of-the-soviet-union
- Título: Soviet Policy on Nationalities, 1920's-1930s
  Fecha de consulta: 30/08/2022
  Vínculo: https://www.lib.uchicago.edu/collex/exhibits/soviet-imaginary/socialism-nations/soviet-policy-nationalities-1920s-1930s/
- Título: Joseph Stalin's Show Trials: A Short Summary
  Fecha de consulta: 30/08/2022
  Vínculo: https://www.historyonthenet.com/stalin-show-trials-summary
- Título: Great Purge
  Fecha de consulta: 30/08/2022
  Vínculo: https://www.history.com/topics/european-history/great-purge
- Título: Kronstadt Rebellion
  Fecha de consulta: 31/08/2022
  Vínculo: https://alphahistory.com/russianrevolution/kronstadt-rebellion/
- Título: What Were Stalin's Five-Year Plans?
  Fecha de consulta: 31/08/2022
  Vínculo: https://www.historyhit.com/first-five-year-plan-begins/
- Título: The Invasion of the Soviet Union
  Fecha de consulta: 31/08/2022
  Vínculo: https://www.facinghistory.org/holocaust-and-human-behavior/chapter-8/invasion-soviet-union
- Título: Operation Barbarossa
  Fecha de consulta: 31/08/2022
  Vínculo: https://www.history.com/topics/world-war-ii/operation-barbarossa

- Título: Auschwitz is Liberated
  Fecha de consulta: 31/08/2022
  Vínculo: https://www.history.com/this-day-in-history/soviets-liberate-auschwitz
- Título: Soviets Declare War on Japan, Invade Manchuria
  Fecha de consulta: 31/08/2022
  Vínculo: https://www.history.com/this-day-in-history/soviets-declare-war-on-japan-invade-manchuria
- Título: What Will Russia Do After the War?
  Fecha de consulta: 31/08/2022
  Vínculo: https://www.nationalww2museum.org/war/articles/what-will-russia-do-after-war
- Título: Cold War History
  Fecha de consulta: 31/08/2022
  Vínculo: https://www.history.com/topics/cold-war/cold-war-history
- Título: Berlin Blockade
  Fecha de consulta: 31/08/2022
  Vínculo: https://www.history.com/topics/cold-war/berlin-blockade
- Título: The Warsaw Pact is Formed
  Fecha de consulta: 31/08/2022
  Vínculo: https://www.history.com/this-day-in-history/the-warsaw-pact-is-formed
- Título: Cuban Missile Crisis
  Fecha de consulta: 31/08/2022
  Vínculo: https://www.history.com/topics/cold-war/cuban-missile-crisis#:~:text=During%20the%20Cuban%20Missile%20Crisis,90%20miles%20from%20U.S.%20shores.
- Título: Arms Race, Space Race
  Fecha de consulta: 31/08/2022
  Vínculo: https://www.khanacademy.org/humanities/whp-origins/era-7-the-great-convergence-and-divergence-1880-ce-to-the-future/x23c41635548726c4:other-materials-origins-era-7/a/arms-race-space-race
- Título: SALT Treaties
  Fecha de consulta: 31/08/2022

- Vínculo: https://www.encyclopedia.com/history/encyclopedias-almanacs-transcripts-and-maps/salt-treaties
- Título: The Space Race
  Fecha de consulta: 31/08/2022
  Vínculo: https://www.history.com/topics/cold-war/space-race
- Título: The Anti-Ballistic Missile (ABM) Treaty at a Glance
  Fecha de consulta: 31/08/2022
  Vínculo: https://www.armscontrol.org/factsheets/abmtreaty
- Título: Nikita Khrushchev
  Fecha de consulta: 5/09/2022
  Vínculo: https://www.history.com/topics/cold-war/nikita-sergeyevich-khrushchev
- Título: De-Stalinization
  Fecha de consulta: 5/09/2022
  Vínculo: https://www.encyclopedia.com/history/encyclopedias-almanacs-transcripts-and-maps/de-stalinization
- Título: Stagnation in the Soviet Union
  Fecha de consulta: 5/09/2022
  Vínculo: https://alphahistory.com/coldwar/stagnation-soviet-union/
- Título: From Sputnik to Spacewalking: 7 Soviet Firsts
  Fecha de consulta: 5/09/2022
  Vínculo: https://www.history.com/news/from-sputnik-to-spacewalking-7-soviet-space-firsts
- Título: Mikhail Gorbachev
  Fecha de consulta: 5/09/2022
  Vínculo: https://www.nobelprize.org/prizes/peace/1990/gorbachev/biographical/
- Título: Perestroika
  Fecha de consulta: 5/09/2022
  Vínculo: https://www.history.com/topics/cold-war/perestroika-and-glasnost
- Título: The Chernobyl disaster: What happened, and the long-term impacts
  Fecha de consulta: 5/09/2022

Vínculo: https://www.nationalgeographic.com/culture/article/chernobyl-disaster
- Título: Boris Yeltsin
  Fecha de consulta: 5/09/2022
  Vínculo: https://www.history.com/topics/european-history/boris-yeltsin
- Título: Vladimir Putin
  Fecha de consulta: 5/09/2022
  Vínculo: https://www.forbes.com/profile/vladimir-putin/?sh=5870d016fc58
- Título: Chronicles of the First and Second Chechen Wars
  Fecha de consulta: 5/09/2022
  Vínculo: https://www.academicapress.com/node/415
- Título: Vladimir Putin
  Fecha de consulta: 5/09/2022
  Vínculo: https://www.britannica.com/biography/Vladimir-Putin
- Título: Collapse of the Soviet Union
  Fecha de consulta: 06/09/2022
  Vínculo: https://www.history.com/topics/european-history/history-of-the-soviet-union
- Título: Berlin Wall
  Fecha de consulta: 06/09/2022
  Vínculo: https://www.history.com/topics/cold-war/berlin-wall#:~:text=at%20high%20speeds.-,The%20Berlin%20Wall%3A%20The%20Fall%20of%20the%20Wall,to%20cross%20the%20country's%20borders.
- Título: Pyotr Ilyich Tchaikovsky
  Fecha de consulta: 06/09/2022
  Vínculo: https://www.britannica.com/biography/Pyotr-Ilyich-Tchaikovsky
- Título: Sergey Rachmaninoff
  Fecha de consulta: 06/09/2022
  Vínculo: https://www.britannica.com/biography/Sergey-Rachmaninoff
- Título: Nikolai Rimsky-Korsakov
  Fecha de consulta: 06/09/2022
  Vínculo: https://www.abt.org/people/nikolai-rimsky-korsakov/

- Título: Dmitri Shostakovich: A Life
  Fecha de consulta: 06/09/2022
  Vínculo: https://www.classicfm.com/composers/shostakovich/guides/dmitri-shostakovich-life/
- Título: Igor Stravinsky
  Fecha de consulta: 06/09/2022
  Vínculo: https://www.newworldencyclopedia.org/entry/Igor_Stravinsky
- Título: Leo Tolstoy
  Fecha de consulta: 06/09/2022
  Vínculo: https://www.biography.com/scholar/leo-tolstoy
- Título: Alexander Pushkin
  Fecha de consulta: 06/09/2022
  Vínculo: https://www.poetryfoundation.org/poets/alexander-pushkin
- Título: Fyodor Dostoevsky
  Fecha de consulta: 06/09/2022
  Vínculo: https://www.newworldencyclopedia.org/entry/Fyodor_Dostoevsky
- Título: Maxim Gorky
  Fecha de consulta: 06/09/2022
  Vínculo: https://www.britannica.com/biography/Maxim-Gorky
- Título: Nikolai Gogol
  Fecha de consulta: 06/09/2022
  Vínculo: https://www.newworldencyclopedia.org/entry/Nikolai_Gogol
- Título: Anton Chekhov
  Fecha de consulta: 06/09/2022
  Vínculo: https://www.britannica.com/biography/Anton-Chekhov
- Título: Alexander Solzhenitsyn
  Fecha de consulta: 06/09/2022
  Vínculo: https://www.nobelprize.org/prizes/literature/1970/solzhenitsyn/biographical/
- Título: Dmitri Mendeleev
  Fecha de consulta: 06/09/2022

Vínculo: https://www.khanacademy.org/humanities/big-history-project/stars-and-elements/knowing-stars-elements/a/dmitri-mendeleev
- Título: Ivan Pavlov
  Fecha de consulta: 06/09/2022
  Vínculo: https://www.thoughtco.com/ivan-pavlov-biography-4171875
- Título: Mikhail Lomonosov
  Fecha de consulta: 06/09/2022
  Vínculo: https://www.newworldencyclopedia.org/entry/Mikhail_Lomonosov

www.ingramcontent.com/pod-product-compliance
Lightning Source LLC
Chambersburg PA
CBHW070330010526
44107CB00004B/477